KiWi
1922

Das Buch

In den neun Erzählungen, die Vladimir Sorokin für diesen Band zusammengestellt hat, geht es immer um eine durch den Verfall der Sowjetunion deformierte Gesellschaft. Das zeigt sich beim Einzelnen, wie in der Titelgeschichte, in der der junge Jura eine Vision erfährt, die ihn bis zum Ende seines Lebens nicht mehr loslässt. Es zeigt sich aber auch im Politischen, wie in der Geschichte »Lila Schwäne«, in der die russischen Atomsprengköpfe plötzlich in Zuckerhüte verwandelt wurden und man sich nicht anders zu helfen weiß, als einen wundertätigen Religionsgelehrten um Hilfe zu bitten. Und es zeigt sich im Zusammenspiel der Menschen, ihrer gesellschaftlichen Interaktion, wie in der Geschichte »Der Fingernagel«, in der vier befreundete Ehepaare zu einem Abendessen zusammenkommen, das aufgrund eines Toilettenpapiermangels vollkommen außer Kontrolle gerät. Vladimir Sorokin gelingt in diesem Erzählungsband das Kunststück, aus scheinbar unabhängigen Einzelgeschichten ein Ganzes zu schaffen. Dabei eröffnet er einen Blick auf Russlands Gegenwart und auf eine Vergangenheit, die so vergangen eben doch nicht ist, sondern sich hartnäckig in der Gegenwart festsetzt.

Der Autor

Vladimir Sorokin, 1955 geboren, gilt als der bedeutendste zeitgenössische Schriftsteller Russlands. Er wurde bekannt mit Werken wie »Die Schlange«, »Marinas dreißigste Liebe«, »Der himmelblaue Speck«. Bei KiWi erschienen zuletzt die Romane »Der Schneesturm«, »Telluria« und die Literaturgroteske »Manaraga«. Sorokin ist einer der schärfsten Kritiker der politischen Eliten Russlands und sieht sich regelmäßig heftigen Anfeindungen regimetreuer Gruppen ausgesetzt.

Die Übersetzer:innen

Andreas Tretner, geboren 1959 in Gera, übersetzt aus dem Russischen, Tschechischen und Bulgarischen. Ausgezeichnet mit dem Paul-Celan-Preis (2001) und dem Internationalen Literaturpreis des Hauses der Kulturen der Welt (2011).

Dorothea Trottenberg, geboren 1957 in Dortmund, übersetzt aus dem Russischen. Ausgezeichnet mit dem Paul-Celan-Preis (2012). 2017 erhielt sie die Kulturelle Auszeichnung der Stadt Zürich.

Vladimir Sorokin

DIE ROTE PYRAMIDE

ERZÄHLUNGEN

Aus dem Russischen von
Andreas Tretner und
Dorothea Trottenberg

Kiepenheuer & Witsch

Andreas Tretner
übersetzte die Erzählungen »Die rote Pyramide«, »Das rostige Mädchen«, »Der Fingernagel« und »Lila Schwäne«.

Dorothea Trottenberg
übersetzte die Erzählungen »Das schwarze Pferd mit dem weißen Auge«, »Wellen«, »Der Tag des Tschekisten«, »Das Tuch« und »Hiroshima«.

INHALT

DIE ROTE PYRAMIDE

Für Natalja Artamonowa

Also, Jura hat Frjasewo mit Frjasino verwechselt und ist in die falsche Bahn gestiegen.

Natascha hatte es ihm genau erklärt: vom Jaroslawler Bahnhof Richtung Frjasewo oder Schtscholkowo. Sie wohnte in Sagorjanka, wo nicht alle Bahnen hielten. Die nach Frjasewo hielt, die nach Frjasino nicht. Jura war so blöd, sich in die nach Frjasino zu setzen.

»Eine fährt wochentags um Viertel nach sechs«, hatte Natascha ihm gesagt, während sie in der Metrostation Dynamo standen und Eis schleckten, es klemmte zwischen zwei runden Waffeln, Jura hatte es spendiert. »Die hält bei uns garantiert.«

»Und wie viele Stunden ... schlurp ... fahre ich da?«, fragte Jura, während er ein großes Stück Eis mitsamt Waffel abbiss, dass es krachte.

»Fünfundvierzig Minuten«, sagte Natascha und lächelte. »Um sieben sind Sie da.«

Sie trafen sich schon das dritte Mal und siezten sich immer noch.

»Kommen da viele Leute?«

»Was dachten denn Sie!«, lachte Natascha und wackelte mit dem Kopf.

Das tat sie jedes Mal, wenn sie etwas Witziges sagte. Es wirkte echt – etwas *zu* echt, an der Grenze zur Naivität oder Dämlichkeit, aber dämlich war sie nicht, das hatte Jura schnell heraus. Überhaupt gefiel sie ihm immer besser: Sie war nicht sehr groß, schlank und gelenkig, braun gebrannt, und sie lachte beinahe immerzu. Ein südlicher Einschlag war nicht zu verkennen, etwas Armenisches oder Moldawisches, vielleicht auch Jüdisches. Jura mochte noch nicht danach fragen. Geballte Lebensfreude ging von ihr aus. Haare schwarz, zu zwei straffen Zöpfen geflochten, die ihren Kopf umrankten.

»Eine Kohorte Verehrer, darf man annehmen?« Das Eis zerfloss ihm, er musste sich sputen.

»Unbedingt!« Natascha wackelte mit dem Kopf.

»Sind Duellpistolen vorrätig?«

»Papa hat eine Doppelflinte!«

»Dann bring ich die Patronen mit.«

»Abgemacht!«

Auf ihren eisfeuchten Lachmund starrend, stellte Jura sich den ersten Kuss vor. Unter blühendem Flieder, beispielsweise.

»Haben Sie Flieder im Garten?«, erkundigte er sich.

»Wir hatten mal welchen. Eine Pracht! Aber der Busch ist verkümmert, Papa hat ihn abgehauen. Nur ein ganz kleines Fliederchen ist übrig.«

Natascha schob den Rest der Waffel in ihren Mund,

zog ein Taschentuch aus der Jackentasche und wischte sich die Lippen. Sodann ergriff sie ihre Schultasche, die die ganze Zeit zwischen den schlanken, braun gebrannten Beinen gestanden hatte, nahm sie in beide Hände und drückte sie sich vor den Bauch.

»Dann geh ich mal los.«

Und den Kopf geneigt, mit einem Blick von unten herauf, fügte sie an: »Bis Samstag, Jura.«

»Bis Samstag, Natascha«, erwiderte Jura mit erhobener Faust.

Sie drehte sich um und sprang in die Metro – so schnell, wie sie damals in der Turnhalle auf dem Schwebebalken herumgewirbelt war, als Jura sie zum ersten Mal sah: ein leichtfüßiges Rad schlagend, mit beherztem Sprung abgehend und zum Stehen kommend, Arme breit, Kopf in den Nacken, mit strahlendem Gesicht.

Sie war ein Turn-Ass, studierte am Pädagogischen Institut und nahm an der Studentenspartakiade teil, über die Jura, Student im zweiten Jahr an der Fakultät Journalistik der MGU, eine Reportage fürs Universitätsblättchen machte. So lernten sie sich kennen. Als Nächstes gingen sie zusammen ins Kino: *Unter den Dächern von Paris,* Jura hatte den Film schon gesehen, Natascha auch, sogar drei Mal.

Danach waren sie im Gorki-Park spazieren gegangen. Natascha hatte ihn zum Geburtstag eingeladen.

Und nun war Jura in die Irre gefahren.

Als Geschenk hatte er eine Flasche Sekt und ein

Bändchen Walt Whitman in der Übersetzung von Kornej Tschukowski dabei. Das Buch in schöner Aufmachung aus dem Akademia-Verlag hatte bei ihnen zu Hause im Regal gestanden, es entstammte der Büchersammlung des Großvaters. Jura hatte nur einmal kurz hineingesehen, ein bisschen geblättert und es zurück ins Regal gestellt. Erst als er über ein Geschenk für Natascha nachdachte, fiel es ihm wieder ein. Sein Stipendium hatte er schon für drei amerikanische Jazzplatten beim Schwarzhändler auf dem Kusnezki ausgegeben, das verbliebene Geld reichte gerade noch für den Sekt. Von den Eltern erbat Jura seit zwei Monaten kein Geld mehr, aus Prinzip nicht.

Hübsches Buch, guter Dichter, hatte er gedacht und das Buch mit dem Sekt in seine gelblederne Schultertasche geschoben.

In der Bahn hatte er sich im Whitman festgelesen und merkte zu spät, dass er verkehrt fuhr.

»Sagen Sie bitte, wann kommt Sagorjanka?«, fragte er einen dürren, mürrisch dreinblickenden Alten mit Krückstock und einem Laib Brot im Netz.

»Da kannst du lange warten«, versetzte der lakonisch. »Du bist im falschen Zug.«

»Wieso?«

»Wieso, wieso. Weil der nach Frjasino nicht in Sagorjanka hält.«

Jura sprang auf, sah aus dem Fenster. Gebüsch und Telegrafenmasten zogen gemächlich vorbei.

»Und was jetzt?«

»Die nächste ist Seljony Bor. Da steigst du aus und fährst zurück bis Mytischtschi. Von dort nimmst du den Zug nach Frjasewo.«

»Gott, nein!« Deprimiert schlug sich Jura die Faust in die Hand.

»Der hat damit nichts zu tun«, brummte der Alte und starrte finster nach draußen.

Jura schalt sich einen Kretin, nahm seine Tasche und verließ das Abteil. Im Zwischenraum fehlte eine Außentür, die warme Juniluft pfiff herein.

»Gib 'ne Kippe ab, Alter!«, hörte er jemanden hinter sich sagen.

Er wandte sich um. Ein ramponiert wirkender junger Mann lehnte in der Ecke. Jura hatte ihn beim Herauskommen nicht bemerkt. Er warf ihm einen missmutigen Blick zu, holte eine halb leere Packung *Astra* aus der Hosentasche, Streichhölzer. Zog sich eine Zigarette heraus, reichte die Packung dem Jungen. Der stieß sich von der Wand ab, tat einen Schritt in weiten schwarzen Hosen auf ihn zu, entnahm wortlos eine Zigarette, steckte sie sich zwischen die prallen Lippen. Jura zündete seine an, schmiss das Holz über seine Schulter.

»Gib Feuer an die Lunte«, bat der Junge.

Jura zögerte, wollte etwas sagen wie: Kauf dir welches, riss dann doch ein Hölzchen an, hielt es ihm hin. Der Junge rauchte an. Er hatte ein hageres, blasses Gesicht mit vorspringenden Jochbeinen und fliehendem Kinn.

»Dauert's noch lange bis Seljony Bor?«, fragte Jura immer noch missmutig.

»Keinen Schimmer. Ich fahr zu Kumpels nach Iwantejewka. Bin nicht von hier. Du auch nicht?«

Jura nickte andeutungsweise.

Der Junge sah Jura aus trüben Augen an, ließ sich wieder gegen die Wand fallen und schloss, die Zigarette zwischen den feuchten Lippen, die Augen bis auf einen Spalt. Jura wandte sich ab, blies den Rauch durch den offenen Türrahmen.

Der Zug hatte es nicht eilig.

Kriecht dahin wie eine Schildkröte, das Scheißding, dachte Jura wütend. Plesiosaurus spasticus. Idiotenschaukel.

Er rauchte die Zigarette zügig zu Ende, schmiss die Kippe hinaus ins vorbeischleichende Staubgrün, kehrte zurück in den Waggon. Dieselben Leute wie zuvor auf denselben Plätzen. Manche, so schien es, beäugten ihn mit spöttischen Blicken.

Recht so, dachte er. Ich bin eine Lachnummer.

Jura klappte den Whitman auf und las. Acht Seiten später eine krächzende Lautsprecherdurchsage: »Seljony Bor.« Jura schnappte seine Tasche und ging in den Vorraum. Der Junge mit den prallen Lippen war nicht mehr da, dafür drei Frauen verschiedenen Alters: eine alte, eine dicke und eine junge.

Der Zug bremste mit widerwärtigem Kreischen. Jura stieg hinter den Frauen aus, sah sich um. Nur wenige waren ausgestiegen, liefen die hölzerne Plattform entlang auf das Dorf zu, dessen Häuser sich klein am Horizont hinter dem Grün abzeichneten. Der Zug kroch davon. Jura fiel ein, dass er auf den gegenüberliegenden Bahnsteig musste, er sprang hinab auf die Schwellen, überquerte die von der Sonne erhitzten Gleise, entdeckte ein paar Holzstufen, stieg hinauf. Auf dem Bahnsteig war niemand. Hier und da eine platt getretene Kippe. Am Stationsschild, einem langen Lattenspalier, hingen nur noch drei Buchstaben: *BOR,* die übrigen waren als Schatten lesbar. Seljony hat sich verpisst, dachte Jura einen müden Witz, ging zur Bank, deren weißer Anstrich blätterte, setzte sich.

Er schaute auf seine Armbanduhr der Marke Lutsch, ein Geschenk seines Vaters zur Immatrikulation: *18:42.*

Die fangen ohne mich an, dachte er.

Er holte die Zigaretten hervor, überlegte kurz und steckte sie wieder weg.

»Ich Idiot!«, stieß er hervor, blinzelte gegen die in den Kiefern hängende Sonne, rotzte vor sich auf die staubigen, abgewetzten Planken.

Es vergingen zwölf Minuten.

Dann noch mal dreizehn.

Dann noch mal zwanzig.

Es kam keine Bahn.

»Das ist der Anschiss. Happy birthday, Natascha!«

Jura erhob sich, lief auf dem Bahnsteig auf und ab. Er war immer noch der Einzige, der hier wartete. Die

Sonne stand merklich tiefer nun, zwischen den Stämmen. Mit um die Hüfte baumelnder Tasche trabte Jura über die staubigen Planken, ließ die Sandalen wütend knallen bei jedem Schritt:

»Arschkarte!«

»Scheißladen!«

»Saustall!«

Die Planken dröhnten dumpf unter Juras Sohlen. Das brachte ihn noch mehr in Fahrt. Als er den Bahnsteig in ganzer Länge entlangmarschiert war, machte er kehrt, nahm Anlauf und machte Riesensätze, so wie die Leichtathleten beim Dreisprung, hämmerte seine ganze helle Wut auf sich in das abgenutzte Holz:

»Traumtänzer!«

»Saftsack!«

»Hurensohn!«

Die Planken donnerten gewaltig.

Jura war auf Höhe des Stationsschildes angelangt. ... *BOR.*

»Nasenbohrer!!«

»Laborratte!!«

»Boroul! Wann! Kommt! Die! Scheiß! Bahn!«

»In acht Minuten«, hörte er jemanden sagen.

Jura fuhr herum. Auf der Bank, an der er eben vorbeigejumpt war, saß ein Mann. Das kam so überraschend, dass Jura in seinen Bewegungen erstarb, er stand wie angenagelt. Da saß ein dicker, leicht aufgedunsen wirkender Mann in hellen Sommerklamotten und blickte ihn an.

»Hä? Wie ...«, knurrte es aus Jura, der seinen Augen nicht traute.

»In acht Minuten kommt die Bahn«, sprach der Mann.

Sein großes mehlweißes, birnenförmiges Gesicht war ausdruckslos. Nichts, absolut nichts war ihm zu entnehmen. Ein solches Gesicht hatte Jura noch nie im Leben gesehen.

»Die Bahn?«, fragte er zurück und konnte die Augen nicht losreißen.

»Die S-Bahn.«

Nichts-, nullkommanichtssagende Äuglein, die Jura anblickten. Das Gesicht erschien wie eingefroren. Der ganze Mann mausetot, eine Leiche aus der Kühlkammer. Jura wurde mit einem Mal schlecht, wie von zu viel Hitze, das war ihm vorigen Sommer in Baku passiert. Die Knie wurden ihm weich.

»Setzen Sie sich«, kam es aus dem gefrorenen Mund. »Sie haben, scheint's, zu viel Sonne abgekriegt. Ist ja auch arg heiß für Anfang Juni.«

Jura ließ sich auf die Bank fallen. Ächzte ein wenig und wartete, dass es vorüberging, fuhr sich mit der Hand über die schweißige Stirn.

»Dreisprung ist nicht der passende Sport bei der Hitze«, sprach der Dicke.

Jura schaute ihn an. Der Mann saß da wie zuvor, vor sich hin starrend mit eisigem Blick. Seine Kleidung hatte einen altmodischen Chic: weißer Panamahut, beiger Sommeranzug, darunter ein weißes Hemd mit besticktem Stehkragen. Unter den weiten beigen Hosenaufschlägen schauten weiße Leinenschuhe hervor. Solche hatte ein lustiger Bekannter seines seligen Großvaters immer zur Sommerzeit getragen, Münzsammler, Possenreißer, Suffkopp, auch längst tot. Die komischen Schuhe holten Jura in die Wirklichkeit zurück. Er atmete geräuschvoll aus. Ein, aus. Er hatte sich wieder im Griff, der Schwächeanfall war so schnell vorüber, wie er gekommen war. Die Anspannung verflog. Wo der Typ auf einmal herkam, fragte er sich. Wie vom Himmel gefallen. Wieso hatte er ihn übersehen? Wohl tatsächlich ein Sonnenstich.

Reglos und stoisch blickte der Dicke vor sich hin.

»Acht Minuten, sagten Sie? Sie kennen den Fahrplan wohl auswendig?«

»Nicht nur das.«

»Acht Minuten?«

»Jetzt nur noch sieben.«

»Eine Uhr haben Sie auch noch im Kopf?«

»Nicht nur das.«

Juras Laune wurde immer besser. Er lachte geringschätzig auf und kratzte sich den Nacken.

»Sie sind überhaupt allwissend, wie?«

»So ziemlich, ja.«

»Was folgt auf die Rochade im Schach?«

»Das Mittelspiel.«

»Aha. Und was ist ... Beteigeuze?«

»Stern im Sternbild Orion. Roter Überriese, wie die Umlaufbahn des Jupiters um die Sonne so groß.«

»Korrekt! Aber wer ist Dave Brubeck?«

Anstelle einer Antwort spitzten sich die gefrorenen Lippen und pfiffen *Take Five* – und das ziemlich exakt.

»Boah!«, ächzte Jura beeindruckt, schlug sich auf die Knie und lachte. »Sie sind Musiker, stimmt's? Musiker sind gute Schachspieler, hab ich recht? Spielen Sie Jazz?«

»Nein«, gab der Dicke ruhig zur Antwort.

»Kommen Sie! Was spielen Sie – Sax? Trompete?«

Der Dicke schwieg.

»Na gut. Sie machen ein Geheimnis draus ... Dann sagen Sie mir bitte noch, wo liegt ... äh-mm ... das Sauerloch, Gniloje Butschilo?«

»Bezirk Twer, Kreis Selisharowo.«

Jura war sprachlos. Diese Örtlichkeit kannte nur, wer in dem Kuhdorf lebte, wohin er mit seinem Vater und Großvater zur Jagd fuhr. Chutor hieß es, im Kreis Selisharowo gelegen. Das Sauerloch war ein von Wald umgebener Sumpf, wo mit Vorliebe Wasservögel nisteten.

Woher wusste er das?

Der Dicke saß da, ohne sich zu rühren.

Wohl ein Telepath? Oder Hypnotiseur! Na genau! So einer wie Wolf Messing, das Geschäft grassierte in letzter Zeit. Dem musste man anders kommen ... Jura ließ den Blick durch die Umgebung schweifen. Und sah auf einmal, neben einem Flachbau aus Silikatsteinen, ein verblichenes Transparent stehen: *Unser Ziel ist der Kommunismus!*

Unter der Schriftzeile ein Lenin-Kopf im Profil.

»Jetzt sagen Sie bitte: Wer war Wladimir Iljitsch Lenin?«, fragte Jura laut und verschränkte triumphierend die Arme vor der Brust.

»Der Mann, der die Pyramide des roten Rauschens in Gang setzte.«

Jura blieb der Mund offen stehen.

»Wie bitte? Die Pyramide des roten was?«

»Des roten Rauschens.«

»Von der hab ich noch nie was gehört.«

»Sie erzeugt das permanente rote Rauschen.«

»Und wo steht die?«

»Im Zentrum der Hauptstadt.«

»Wo genau?«

»Genau in der Mitte.«

»Im Kreml?«

»Nein. Auf dem Roten Platz.«

»Mitten auf dem Platz? Eine Pyramide?«

»Ja.«

»Und wo steht sie da, ganz konkret?«

»Ihre Grundfläche nimmt den gesamten Platz ein.«

»Den ganzen Platz?! ...«

Jura lachte auf. Der dicke Mann blickte stoisch wie zuvor vor sich hin.

»Na wissen Sie!«, meinte Jura. »Ich wohne zufällig ganz in der Nähe vom Roten Platz, in der Pjatnizkaja. Eine rote Pyramide hab ich dort nie stehen sehen.«

»Sie können sie nicht sehen.«

»Aber Sie?«

»Ja.«

Alles klar, dachte Jura. Der Mann halluziniert.

»Und was tut die Pyramide noch mal?«

»Sie strahlt das rote Rauschen aus.«

»So was wie ... ein Lautsprecher?«

»Etwas in der Art. Aber mit ganz anderen Wellen. Anderen Schwingungen.«

»Und wozu ... strahlt sie die aus?«

»Um die Menschen mit dem roten Rauschen zu infizieren.«

»Wozu soll das gut sein?«

»Um die innere Ordnung des Menschen zu stören.«

»Stören? Wozu?«

»Damit der Mensch aufhört, Mensch zu sein.«

Ein Staatsfeind, dachte Jura und schaute sich nach allen Seiten um. Aber der Bahnsteig war menschenleer wie zuvor.

»Also, Lenin hat diese Pyramide gebaut?«

»Nicht gebaut. Nur in Gang gesetzt.«

»Eingeschaltet?«

»Sozusagen.«

»Und wer sind die Erbauer?«

»Die kennen Sie nicht.«

»Die Deutschen vielleicht? Marx? Engels?«, grinste Jura.

»Nein, keine Deutschen.«

»Die Amis?«

»Nein.«

»Wer denn dann? Wo kamen die her?«

»Wo sie halt herkamen«, erwiderte der Dicke. »Ihre Bahn kommt.«

Jura sah auf die Gleise, die linker Hand weit hinten in der erhitzten Luft ineinanderliefen, es war noch nichts zu sehen, doch er stand auf, richtete den Riemen seiner Umhängetasche auf der Schulter. Fasste noch einmal das Lenin-Plakat ins Auge.

»Und der Kommunismus?«

Der Dicke hob den gefrorenen Blick.

»Was ist mit dem?«

»Der ist doch die lichte Zukunft, oder nicht?«

»Der ist nicht die lichte Zukunft, sondern das rote Rauschen von heute.«

In dem Moment erklang von ferne das Pfeifen der Lokomotive, und Jura sah die S-Bahn nahen. Einstweilen lautlos, sie war noch weit weg. Jura wollte dem dicken Mann zum Schluss noch etwas sagen, das ihn kränken und lächerlich machen sollte, doch im letzten Moment kam er davon ab. Stumm stand er da, wippte auf der Stelle, wie er es gerne tat, und betrachtete den seltsamen Mann, der da saß und vor sich hin schaute. Nun war die Bahn auch zu hören. Ganz langsam fuhr sie am Bahnsteig ein. Auf einmal wurde Jura bewusst, dass er den Mann nie wiedersehen würde. Dass dieser merkwürdige Mensch unter Garantie auf dem staubigen, leeren Bahnsteig sitzen bleiben, nicht etwa nach Moskau fahren würde. Dass er überhaupt nirgendwohin fuhr. Nicht vorstellbar, wohin dieser Mann hätte fahren können. Er war wie verwachsen mit dieser

Bank. Mit einem Mal wurde Jura furchtbar schwer ums Herz. So sehr, dass ihm Tränen in die Augen traten.

Mit dem üblichen Kreischen kam die Bahn zum Stehen.

Wie automatisch stieg Jura ein. Betrat das Innere des Wagens, setzte sich. Fuhr mit den Fingern durch die Augen, sah durchs Fenster hinaus auf den Bahnsteig. Der Mann saß auf der Bank. Schaute vor sich hin. Etwas an diesem Mann kam ihm jetzt quälend vertraut vor.

Die Bahn fuhr wieder an.

Reglos saß Jura auf seinem Platz. Schwermut hatte sich breitgemacht in ihm, aber auch Ruhe war eingekehrt. Er hatte es nicht mehr eilig. War völlig gedankenlos. Anstelle von Gedanken hatte der letzte Satz des Dicken sich in seinem Kopf verhakt: »das rote Rauschen von heute«.

Starr blickte Jura aus dem Fenster auf all das Grün, die Telegrafenmasten, Häuser, Autos, Müllkippen, Laderampen, Kräne, Kohlehaufen, Heizhäuser, Menschen, Vögel, Ziegen, Hunde.

Nataschas Geburtstag hatte er vollkommen vergessen. Stieg in Mytischtschi nicht aus.

Erst als der Zug in den Jaroslawler Bahnhof einfuhr, schrak er aus der Versenkung. Kaum stand der Zug, war die Erstarrung wie weggeblasen, Jura sprang auf. Stieg mit den übrigen Fahrgästen aus, trat beiseite, zog die Zigaretten hervor.

Und was war mit dem Geburtstag? Sagorjanka, Natascha, war da was? ... Ich bin bescheuert, dachte er, die Bahnsteinkante entlangtrabend.

»Idiot!«, fluchte er und spuckte herzhaft aus.

Rauchend trollte er sich durch das abendliche Moskau. Querte die Sadowaja, lief auf die Pjatnizkaja zu, nach Hause.

Die Zigarette half ihm in die Realität zurück.

»Klarer Fall von Hypnose«, sprach er vor sich hin. »Ich Hirni bin dem Typen auf den Leim gegangen, aber heftig! Rotes Rauschen! Rrrausch, rrrausch-sch! Frisch aus der Pyramide!«

Er lief durch das Abendlicht. Zog im Gehen die Sektflasche aus der Tasche und öffnete sie. Der Korken schoss mit lautem Knall hervor, flog gegen die benachbarte Hauswand, eine Alte fuhr zusammen. Warmer, süßlicher Sekt schäumte hervor. Jura trank, besudelte sein Hemd dabei.

Noch ehe er vor seiner Haustür stand, hatte er das klebrige Zeug ausgetrunken, stellte die leere Flasche auf irgendeine Fensterbank.

Zu Hause las er die neue Nummer der *Junost* und ging früher als sonst schlafen.

Der nächste Tag war ein Sonntag.

Am Montag schrieb Jura zwei Testate. Am Dienstag nach der Uni fuhr er ins Dynamo-Stadion, wo die Spartakiade eben zu Ende ging. Beim Betreten des Turnsaals wäre er beinahe mit Natascha zusammengestoßen. Sie war im dunkelblauen Trikot, die Hände weiß vom Talkum, und auf dem Weg in die Umkleide.

»Hallo«, sagte er und blieb stehen.

»Hallo«, erwiderte sie, ihr ewiges Lächeln im Gesicht, und ging weiter.

Es war das letzte Mal, dass sie sich sahen.

Jura machte den Abschluss in Journalistik und heiratete Albina, deren Eltern mit seinen seit je befreundet waren. Mit Unterstützung seines Vaters, der einen hohen Posten im Verkehrsministerium innehatte, bekam er eine Stelle bei der *Komsomolskaja Prawda*. Albina brachte einen Sohn zur Welt, Wjatscheslaw. Ende der Sechziger trat Jura in die Partei ein und wechselte zu den *Iswestija*. Unterdessen kam Tochter Julia zur Welt. Mitte der Siebziger bekam er die Stelle als stellvertretender Abteilungsleiter beim *Ogonjok* angeboten. Er verließ die *Iswestija* und ging zum *Ogonjok*.

An jenem Julimorgen nahm er wie gewöhnlich ein schnelles Frühstück ein, setzte sich in den weißen Wolga des Vaters und fuhr zur Redaktion. Eben überquerte er die Große Moskwa-Brücke, als sein Herz zu krampfen und zu flattern anfing, dass ihm der Atem stockte. Er fuhr an den Straßenrand und hielt an. Atmete tief und gleichmäßig, massierte dabei die Hegu-Punkte auf den Handrücken, wie ein Arzt es ihn gelehrt hatte. Er hatte schon des Öfteren Herzprobleme gehabt. Das erste Mal nach dem Skandal auf seinen geharnischten Artikel in den *Iswestija* hin, den der Stellvertreter des Chefredakteurs während dessen Urlaub »unbedacht« hatte durchgehen lassen. Jura wurde in die Stadtparteileitung zitiert. »Sie haben eine rote Linie überschritten«, sagte dort einer zu ihm, der das Gesicht eines alten Wolfes hatte. Der stellvertretende Chef wurde krachend gefeuert. Juras Karriere hatte damals am seidenen Faden gehangen. Wie durch ein Wunder hatte er sich gehalten, wobei die Parteiverbindungen des Vaters das Wunder bewirkt hatten. Aber das Herz trug einen Knacks davon, er habe einen Mikroinfarkt gehabt, sagten die Ärzte. Er fuhr mit Albina acht Wochen zur Kur. Das zweite Mal hatte er unter den Eskapaden des Sohnes zu leiden gehabt, der in eine üble Geschichte geraten war, kollektive Vergewaltigung im Studentenwohnheim. Gegen den Jungen wurde ermittelt, Juras Vater war vor Kurzem gestorben und konnte nicht mehr helfen, Jura musste selbst den Canossagang durch die Büros antreten, betteln und sich erniedrigen. Der Sohn kam auf Bewährung davon. Selbst schluckte er im Anschluss ein halbes Jahr lang Tabletten. Hernach war alles ausgestanden.

Aber jetzt, aber jetzt, aber jetzt.

Das Herz flatterte.

So hatte er es noch nicht erlebt. Jura fing an zu keuchen. Er stieg aus, ging zur Brüstung, legte die Hände auf den kalten Granit, blickte hinab in die morgendliche Moskwa und atmete. Aus dem Fluss wehte es kühl herauf. Langsam bekam sich Jura wieder in die

Gewalt. Aber das Herz hörte zu flattern nicht auf, es zappelte wie ein kleines Tier, das in der Falle saß. An der Angel hing. An Fäden tanzte. Cancan. Fanfan.

Jura atmete, atmete, atmete.

Ihm schwindelte, in seinen Ohren zirpten jetzt zwei stählerne Zikaden.

Stopp, stopp, stopp, versuchte Jura sich zu beruhigen.

Die Zikaden zirpten. Die Knie zitterten. Er umklammerte die Brüstung, sackte darauf nieder. Unten glitzerte das Wasser. Glitz-glitz-glitz.

»Stopp!«, flüsterte er sich selber zu, »stopp, stopp ...«

Das Herz. Her-herz. Das He-e-e-rz ... Es hörte zu zappeln auf.

Hörte auf.

Hörte.

Auf.

Und stand.

In ihm trat Stille ein.

Jura bäumte sich auf mit letzter Kraft.

Die Hände in die Brüstung gekrallt.

Und er erblickte die rote Pyramide.

Sie stand auf dem Roten Platz und nahm ihn zur Gänze ein. Die Pyramide vibrierte und verstrahlte ein rotes Rauschen. Wellenförmig ging es von ihm aus und überflutete alles ringsumher, wie ein Tsunami, bis hinter den Horizont, nach allen Himmelsrichtungen. Die Menschen versanken in ihm. Sie strampelten sich darin ab. Gehend, fahrend, stehend, sitzend, schlafend – Männer, Greise, Frauen, Kinder. Das rote Rauschen deckte sie alle zu. Es traf erbarmungslos jeden, schlug mit roter Welle zu nach jedermann jedem Menschen in jedem Menschen Menschen ist Licht Licht und das rote Rauschen Rauschen schlägt schlägt aus der Pyramide Pyramide nach dem Licht Licht im Menschen Menschen es zu löschen löschen es erlischt aber nicht nicht wozu dann wozu das Schlagen Schlagen das ist grässlich grässlich und blöd blöd die roten Wellen Wellen schlagen schlagen zu und können nicht können nicht schlagen schlagen und können nicht können nicht wozu dann wozu schlagen die schlagen dumm ist das dumm das ist erbarmungslos dumm dumm ein Seraph mit sechs Flügeln Seraph du bist hier hier ganz nahe ganz nahe Seraph o Seraph du mein Heller mein Hellster du du Ewiger Ewiger du sei gegrüßt sei gegrüßt Seraph o Seraph damals damals da warst warst du anders ein anderer dick dick und komisch mit komischen weiß weißen Schuhen die Schuhe dein Name der Name.

»Boroul«, flüsterte Jura, und seine bleichen Lippen rangen sich ein Lächeln ab.

Dann schlug er lang hin.

DAS SCHWARZE PFERD MIT DEM WEISSEN AUGE

Nicht nur dass sie alle vier ganz unterschiedlich mähten, nein, auch bei der Vorbereitung zur Mahd und bei der Rast zwischen den Mahdgängen verfuhr jeder von ihnen auf seine eigene Art und Weise.

Großvater Jakow sagte nach drei hintereinander gemähten Reihen jedes Mal: »Basta!«, schnaubte geräuschvoll, ging in die Knie, packte mit seiner dunklen, krebsscherenähnlichen Hand ein Büschel frisch gemähtes Gras, wischte damit die Sense ab, zog aus dem mit einem Riemen am Gürtel befestigten Lederbeutel einen Schleifstein hervor, wetzte flink die Klinge und murmelte dabei in seinen rotblonden Zottelbart. Sein ältester Sohn Filja, oder Chwilja, wie ihn alle nannten, der stets verschlafen und wortkarg war und einen ebenso rotblonden Bart und ebenso kräftige, kurze Arme hatte wie sein Vater, legte die Sense ins Gras, ging zum Feldrain, wo unter einer kleinen Eiche die Mutter und Dascha saßen, nahm ein paar Schluck aus der hölzernen Feldflasche, fuhr sich mit dem Hemdsärmel durchs Gesicht, hockte sich hin und blickte mit zusammengekniffenen Augen um sich. Der Mittlere, Grischa, der vom Gesicht, von seiner Eckigkeit und

Schmächtigkeit her der Mutter glich, tat es dem Vater gleich und sagte: »Basta, und damit basta!«, packte seine Sense und schleppte sie keuchend zu einer mitten in der Wiese stehenden, vom Blitz gespaltenen und halb verdorrten Linde, wo er sich niederließ und bedächtig die Sense zu schärfen begann. Der Jüngste aber, Wanja, noch keine fünfzehn Jahre alt, mager, mit spitzen Schultern, großen Ohren und Sommersprossen, der mit einer kleinen, seinem Wuchs angepassten Sense mähte und immer weit hinter den anderen Schnittern zurückblieb, schulterte die Sense und folgte dem mittleren Bruder, um sich, das spitze Kinn auf die rauen Fäuste gestützt, bäuchlings unter die Linde zu legen und zu warten, dass Grischa nach seiner eigenen auch seine – Wanjas – kleine Sense schärfen würde.

Dascha saß unter der Eiche, den Rücken an den Stamm gelehnt, und beobachtete die Schnitter, die Wiese, den Wald, die Käfer, die Hummeln, die Schmetterlinge und den einsamen Bussard, der zuweilen in der blauen Höhe über der Wiese und dem Wald dahinglitt. Es gefiel Dascha, wie der bunte Bussard gleichmäßig seine Kreise zog und manchmal unvermittelt in der Luft stehen blieb, mit den Flügeln schlagend und kläglich piepsend wie ein Küken, um sich dann jäh nach unten fallen zu lassen. Die Mutter saß an die andere Seite der Eiche gelehnt und strickte an einer Socke aus grauer Ziegenwolle. Hin und wieder stand sie auf und wendete mit dem Rechen das frisch geschnittene Gras, das noch kein Heu war. Dann nahm auch Dascha ihren Haselstecken mit der Zwille am Ende und half der Mutter beim Wenden.

Die Panins hatten eine gute Wiese: flach und glatt, nahe beim Dorf und bei der Landstraße gelegen. Man hatte sie ihnen dank des alten Vorsitzenden, eines Schwippschwagers der Mutter, bereits im Jahre fünfunddreißig überschrieben.

Die Panins waren gerade den ersten Tag bei der Mahd – den halben Monat lang hatten sie zusammen mit dem ganzen Dorf die Wiesen der Kolchose am rechten Ufer der Bolwa gemäht, geharkt und geschobert. Sie hatten Glück mit dem Wetter – der Juni war heiß, bei trockenem Wind, »da macht sich das Heu von ganz alleine«, wie Großvater Jakow zu sagen pflegte.

Gestern war Dascha zehn Jahre alt geworden. Der Großvater hatte ihr neue Bastschuhe geflochten, der Vater hatte ihr eine kleine Tonpfeife geschenkt und die Mutter ein weißes Tuch mit roter Borte. Dascha war zufrieden. Das Tuch verwahrte sie bei der Großmutter in der Truhe, in den weiten, auf Zuwachs gefertigten Bastschuhen war sie heute zur Mahd gekommen, und die Tonpfeife hatte sie auch dabei. Jedes Mal, wenn der Vater zur Eiche kam, um etwas zu trinken und sich eine Weile hinzuhocken, zog Dascha die Pfeife aus der kleinen Tasche am Oberteil ihres Kattunkleidchens, das ein fliegender Schneider in Scholtouchi genäht hatte, und blies hinein. Der Vater bedachte sie dann mit beifälligen Blicken, kraulte sich den Bart und lächelte mit den Augen. Er war ein wortkarger Mensch. Auch die Mutter war nicht gesprächig. Bei den Panins hatte lediglich Großvater Jakow ein flinkes Mundwerk.

»Warum so langsam, Daschucha?«, hatte er sie unterwegs gefragt. »Was stolperst du denn so, kratzt dich der Bast vielleicht am Po?«

Alle lachten, und Dascha fasste den Großvater bei seinem krummen, von der Arbeit dunkel verfärbten Daumen mit dem dicken schwarzen Nagel und lief, mit den neuen Bastschuhen über die staubige Landstraße schlappend, neben ihm her.

Als die Schnitter ein Drittel der Wiese gemäht hatten und die Sonne sengend heiß hoch über den Köpfen stand, winkte Großvater Jakow: »Mittagessen!«

Die Schnitter ließen die Sensen fallen und streckten sich unter der Eiche aus. Während sie gierig tranken und einander die Feldflasche weiterreichten, breiteten die Mutter und Dascha ein fadenscheiniges Leinentuch aus und holten die mitgebrachten Leckereien aus dem Flechtkorb: ein halber Laib Roggenbrot, ein ganzer Bund Lauchzwiebeln, ein Dutzend gebackener Kartoffeln, ein Tonkrug mit gedämpfter Milch, ein kleines Stück Speck in einem Tuch und Salz in einem spitzen Papiertütchen.

»O Herr ... und segne, was du uns bescheret hast ...«, seufzte Großvater Jakow erschöpft, nahm den Laib Brot, presste ihn gegen die Brust und säbelte mit einem großen alten Messer mit dunkel verfärbtem, abgewetztem Holzgriff geschickt ein paar Scheiben ab.

Die Brüder nahmen je eine Scheibe und begannen sofort zu essen.

Großvater Jakow bekreuzigte sich, stippte das Brot ins Salz, biss ein Stück ab, nahm eine Lauchzwiebel, drückte sie zusammen, schob sie in den Mund und begann hastig zu kauen, wobei sein Zottelbart lustig zu zittern begann. Dascha sah Großvater Jakow gern beim Essen zu. Er schien sich mit einem Mal in einen alten, mümmelnden Hasen zu verwandeln. Die Brüder hingegen aßen so ernsthaft, als würden sie arbeiten, und waren fade und mürrisch. Obendrein wurde Wanja, der Jüngste, beim Essen sofort irgendwie erwachsen und genauso ein Mann wie der Vater und Grischa.

Die Mutter schnitt den Speck in acht Stückchen und verteilte ihn an die Männer. Der Speck war alt und gelb – der Eber war im letzten Sommer an irgendeiner Krankheit krepiert, und ein neues Ferkel hatten sie erst im Frühling bekommen. Aber sie hatten noch die Kuh Dotscha. Und die gab ordentlich Milch.

Die Mutter stellte den Krug mit gedämpfter Milch in die Mitte, verteilte kleine Holzlöffel, stach mit ihrem Löffel durch die dunkelbraune, im Hals des Krugs erstarrte Haut und rührte die Milch um:

»Esst ...«

Die hautfarbene Milch vermischte sich mit dem dickflüssigen weißen Schmand, der sich oben angesammelt hatte. Die Männer hatten den Speck rasch hinuntergeschlungen und tauchten nun ihre Löffel in den Krug. Die Mutter und Dascha warteten, bis die Männer geschöpft hatten, und tunkten dann ihre eigenen Löffel hinein.

Die Milch war kühl und köstlich. Dascha schöpfte davon, schlürfte sie geräuschvoll und aß ein Stück Brot dazu. Am liebsten mochte sie die gedämpfte Milch wegen der gelben Butterbröckchen darin. Zu Hause wurde nur zu Ostern gebuttert, wenn die Großmutter Buchweizenblini buk. Die Butter duftete sehr lecker und zerlief auf den Blini sofort. Es war immer zu wenig da.

Die Mutter aß wie gewöhnlich ohne Hast, sie hielt den Löffel mit Milch über der Hand und schluckte leise, den schmalen, mit einem verwaschenen blassblauen Tuch umwundenen Kopf ergeben zur Seite geneigt.

Die Männer schlürften ihre Milch und schnauften dabei laut.

»Der Tau war heute mächtig schnell weg ...«, brummte Grischa und wischte sich die Milch vom Kinn. »So bei Trockenheit mähen ... das ist ...«

»Eine feine Sache, und ob ...« Chwilja nahm eine gebackene Kartoffel, stippte sie in das Salz und biss ein Stück ab.

»Nicht übel. Das haben wir schnell eingefahren.« Großvater Jakow schlürfte hastig seine Milch.

»Dann wird wenigstens alles schnell trocken.« Die

Mutter schöpfte eine große Portion Schmand und hielt sie Dascha hin. »Hier, iss etwas von oben …«

Dascha schleckte ihren Löffel ab und legte ihn auf das Leinentuch. Mit beiden Händen ergriff sie den mit einem Berg Schmand randvoll gefüllten Löffel der Mutter. Der Schmand war weiß und dickflüssig, er passte kaum in den neuen Holzlöffel und quoll fast über den Rand hinaus. Vorsichtig balancierte Dascha den Löffel zum Mund. Der Schmand sackte leicht in sich zusammen und begann zu schwanken. Der obere Teil zerlief schon. Ein Strahl der Mittagssonne drang durch das Laub der Eiche, fiel auf den halbrunden weißen Schmandgipfel und blitzte auf. Die winzigen gelben Butterbröckchen im Schmand glänzten. Dascha öffnete den Mund. Plötzlich spiegelte sich in diesem duftigen, strahlenden Weiß etwas Dunkles. Dascha sah sich um.

Ganz in der Nähe stand ein schwarzes Pferd.

Dascha zuckte zusammen. Der Schmand glitt vom Löffel herunter und klatschte ihr auf die Knie. Und alle sahen das Pferd.

»Ach, Teufel noch mal!« Jakow fuhr überrascht auf und kniff die Augen zusammen.

Das Pferd scheute und wich zurück, blieb dann in einiger Entfernung stehen und schlug mit seinem schwarzen, buschigen Schwanz. Es war eine tiefschwarze Rappstute, gedrungen, breitbrüstig und breitknochig wie alle Bauernpferde, mit großem Kopf, kleinen Ohren und einer üppigen, zottigen, lange nicht geschorenen Mähne, in der dicht an dicht die Kletten hingen. Um den glänzenden Pferderücken herum schwirrten Bremsen.

»Meine Güte ...«, seufzte die Mutter, bekreuzigte sich und legte die Hand auf ihre flache Brust. »So ein Schreck, ich dachte, mich trifft der Schlag ...«

»Wem gehört denn die Mähre?«, fragte Grischa und stand auf.

»Uns jedenfalls nicht.« Großvater Jakow legte seinen Löffel hin. »Rappen hatten wir noch nie.«

Grischa ging auf das Pferd zu und zog im Gehen den Riemen aus der Hose. Das Pferd hatte ihm die Flanke zugewandt, drehte das Maul in seine Richtung, senkte den Kopf und blähte die Nüstern. Und sofort fiel allen auf, dass das linke Auge ganz weißlich war.

»Guck mal an, die ist ja auf einem Auge blind!«, grinste Grischa und ging näher ran. »Na komm, keine Bange ... keine Bange ...«

Das Pferd machte einen Satz zur Seite. Und zeigte ihm die linke Flanke.

»Grischa, geh von links, da, wo das blinde Auge ist«, riet Großvater Jakow. »Die ist bestimmt aus Bytosch abgehauen, die Streunerin.«

»Nein, Vater, die ist den Zigeunern weggelaufen.« Chwilja stützte sich auf und musterte das Pferd finster. »In Scholtouchi ist wieder ein Zigeunerlager. Da ist sie weggelaufen. Die ist vielleicht struppig ...«

Grischa näherte sich dem Pferd vorsichtig, den zu

einer Schlinge gedrehten Riemen hinter dem Rücken haltend. Doch das Pferd lief wieder weg.

»He, du Scheusal ...«, frotzelte Grischa.

»Warte, Grischa.« Chwilja brach ein Stück Brot ab und ging zu dem Pferd. »Hier, Struppel, nimm schon ...«

Behutsam wie Jäger pirschten die beiden sich nun von zwei Seiten her an. Das Pferd stand starr da, zuckte mit den kleinen Ohren und wieherte ab und zu leise. Grischa und Chwilja bewegten sich ganz langsam, wie im Traum. Und Dascha war es merkwürdigerweise auf einmal sehr mulmig zumute. Ihr Herz pochte heftig. Mit angehaltenem Atem beobachtete sie, wie heimtückisch die Menschen sich dem Pferd näherten: der Vater mit einem Stück Brot in der Hand, Onkel Grischa mit dem Riemen hinter dem Rücken.

»Keine Bange, keine Bange ...«, murmelte Grischa.

Als sie ganz dicht dran waren, blieben die Männer stehen. Chwilja hielt dem Pferd das Brot direkt vor das Maul. Grischa biss sich nervös auf die Lippe. Das stocksteif dastehende Pferd schnaubte und stürzte dann zwischen ihnen hindurch. Die Männer warfen sich auf das Pferd und klammerten sich an die Mähne. Dascha schloss die Augen. Das Pferd wieherte.

»Hoffentlich erwischen sie es nicht!«, flehte Dascha plötzlich, ohne die Augen zu öffnen.

Sie hörte das Wiehern des Pferdes und das Fluchen der Männer.

Dann brach das Wiehern ab.

»Ach verflucht ...«, sagte der Vater wütend.

»So ein wildes Luder ...«, sagte Grischa.

Dascha begriff, dass sie das Pferd nicht eingefangen hatten. Sie öffnete die Augen. Der Vater und Grischa standen auf der Wiese. Das Pferd war nicht da.

»Was seid ihr nur für Trottel!« Großvater Jakow winkte erbost ab. »Könnt nicht mal eine Mähre einfangen.«

»Die ist ganz schön wild, Vater.« Grischa zog den Riemen wieder in seine herunterrutschende Hose.

»Rennt jetzt im Wald herum, das Biest ...« Der Vater hob das heruntergefallene Stück Brot auf, kam zurück und legte es auf das Leinentuch.

»Blind und wild, das hat doch keinen Wert!«, murmelte die Mutter und begann, den Schmand von Daschas Rocksaum zusammenzukratzen. Dascha zitterten die Knie.

»Was ist denn? Hast du dich erschrocken?«, fragte die Mutter lächelnd.

Dascha schüttelte den Kopf. Sie war sehr erleichtert, dass die Männer das Pferd nicht gefangen hatten. Die Mutter hielt ihr wieder den Löffel hin. Dascha nahm ihn und verschlang gierig den dicken, kühlen Schmand.

Die Männer, die allesamt aufgesprungen waren, setzten sich wieder, nahmen ihre Löffel und schlürften hastig den Rest Milch. Das Erscheinen und Verschwinden der wilden Mähre hatte sie in Aufregung versetzt. Sie unterhielten sich über Pferde, über Zigeuner, die Pferde stehlen, über den nichtsnutzigen neuen Vorsitzenden, über das eingestürzte Dach des Pferdestalls in der Kolchose, über Buchweizen und den Klee am gegenüberliegenden Ufer, über den nächtlichen Waldfrevel auf der Lichtung bei Mokroje und über die Zimmerleute aus Mokroje, und plötzlich stritten sie darüber, ob man eine gestohlene Tanne besser zu Hause im Schuppen zu Brennholz spalten solle oder bei Kostja im Badehaus.

Dascha hörte gar nicht zu. Jetzt, wo das Pferd weggelaufen war, ging es ihr wieder gut, und ihr war leicht ums Herz.

»Dascha, was sitzt du da wie angewachsen?« Die Mutter rückte ihr verrutschtes Kopftuch gerade. »Geh Beeren sammeln.«

Dascha stand widerwillig auf, nahm einen leeren Weidenkorb, hängte ihn über die Schulter und machte sich auf zum anderen Ende der Wiese.

»Geh nicht zu weit!« Der Vater leckte seinen Löffel ab.

Dascha schlappte in ihren neuen Bastschuhen zuerst über die Stoppeln und dann durch das ungemähte Gras, wo sie die Grashüpfer aufschreckte. Das Gras war von der Sonne aufgeheizt, und es war heiß an den Füßen. Dascha überquerte die ganze Wiese und blickte sich um. Die Männer waren aufgestanden, um wieder an die Arbeit zu gehen. Dascha zog die Tonpfeife aus der Tasche und stieß einen lauten Pfiff aus. Die

Mutter winkte ihr zu. Die Vögel im Wald rund um die Wiese antworteten auf die Pfeife. Dascha pfiff noch einmal. Sie lauschte auf die Stimmen der Vögel. Und pfiff wieder. Dann steckte sie die Pfeife ein und betrat den Waldsaum am schmalen Ende der Wiese. In dem jungen Birkenwald wuchsen büschelweise Erdbeeren. Dascha ging zwischen den Birken hindurch, nahm den harten Weidenkorb von der Schulter, stellte ihn ins Gras und machte sich daran, Beeren zu sammeln und in den Korb zu legen. Es gab reichlich Erdbeeren, bisher hatte sie niemand gepflückt. Dascha nahm reife Beeren und auch unreife, häufte sie in den Korb und aß die größeren selbst. Die Erdbeeren waren süß. Nachdem sie die Beeren auf der einen Waldlichtung abgepflückt hatte, trug Dascha ihren Korb zur nächsten. Plötzlich flatterte zu ihren Füßen ein Vogel auf, er schwirrte mit den Flügeln, flog davon und ließ sich auf einer Birke nieder. Dascha nahm ihre Pfeife hervor und blies hinein. Der Vogel antwortete mit einem feinen, stockenden Pieplaut, genau wie die Pfeife. Verblüfft blies Dascha noch einmal in die Pfeife. Der Vogel gab Antwort. Dascha ging auf den Vogel zu.

Der Vogel flatterte auf, flog ein Stück weiter und ließ sich nieder. Dascha konnte erkennen, dass der Vogel bunt war, wie der Bussard, aber viel kleiner. Dascha stieß einen Pfiff aus. Der Vogel gab Antwort. Großvater Jakow hatte Dascha schon oft erzählt, Vögel hätten ihre eigene Sprache, die nur Heilige und Vogelfänger verstünden.

»Die Pfeife spricht die Vogelsprache!«, flüsterte Dascha.

Sie wollte den Vogel nach dem Leben im Wald fragen und nach den Schätzen, die laut ihrer Großmutter von buckligen Waldgeistern bewacht wurden. Sie ging weiter durch das Birkenwäldchen, dem Vogel nach, und blies in ihre Pfeife. Der Vogel gab immer wieder Antwort. Aber sobald er Dascha ein wenig näher herangelassen hatte, schwang er sich erneut auf und flog mit schwirrenden Flügeln davon. Hinter dem Birkenwäldchen begann dichter, alter Tannenwald. In diese Richtung flatterte der Vogel.

»Wo willst du denn hin, verflixt noch mal!«, schrie Dascha so, wie Erwachsene ein störrisches Vieh anschreien.

Sie glaubte, der Vogel flöge zu seinem Nest, wie ein Huhn. Die Nester waren immer an verborgenen Plätzen, damit sie niemand aufstöbern konnte. Also war das Nest dieses Vogels bestimmt dort, im dunklen Tannenwald. Dort würde der Vogel sich niederlassen und zur Ruhe kommen, er würde ihr von den Schätzen erzählen und die Verstecke verraten. Nachher würden Papa und sie einen Spaten nehmen, dorthin gehen und die Schätze rauben. Und ein Pferd kaufen. Und damit nach Ljudinowo reiten. Und dort lauter schöne Sachen kaufen. Dascha ließ das Birkenwäldchen hinter sich, zwängte sich zwischen zwei riesigen Haselnussbüschen mit warmen, zarten Blättern hindurch, stieg über einen morschen, mit Moos und vertrockneten giftigen Pilzen überwucherten Baumstamm und hob die Augen.

Wie eine düstere Mauer ragte Tannenwald vor ihr auf. Dascha ging hinein. Die hohen Tannen schlossen sich über ihr zusammen. Die Sonne war verschwunden. Es war sofort weicher zu gehen. Im Wald war es kühl und sehr still. Dascha blies in ihre Pfeife. In der Tiefe des Waldes erklang das schwache Piepen des Vogels.

»So was!«, murmelte Dascha und folgte dem Pieplaut.

Zwischen Tannenstämmen hindurch ging sie über den weichen, mit Nadeln und Tannenzapfen übersäten Waldboden. Ringsum wurde es noch düsterer und stiller. Dascha blieb stehen: Vor ihr im Halbdunkel standen die Tannenstämme eng zusammengerückt. Es kam ihr vor, als sei dort vorne Nacht. Und als würde sie in die Nacht hineingehen. Ihr wurde unheimlich. Sie blickte zurück, dahin, wo noch das sonnendurchflutete Birkenwäldchen zu sehen war. Dort, auf der Wiese, warteten Mutter und Vater auf sie. Aber sie musste den Vogel finden. Dascha blies in ihre Pfeife. Der Wald schwieg. Sie pfiff noch einmal. In der Ferne gab der Vogel Antwort. Und Dascha ging weiter, hinein in die Nacht, der Stimme des Vogels folgend. Sie stapfte über den weichen Waldboden, ging vorbei an den Tannen und streifte deren raue Rinde, sie wich Baumstümpfen aus, riss Spinnweben herunter und kletterte über trockene Äste. Unversehens fand sie sich vor einer schnurgeraden Allee. Gewaltige Tannen standen in zwei Reihen vor ihr, als hätte sie jemand vor sehr langer Zeit gepflanzt. Die Tannen waren riesig, alt und halb tot. In den von Käfern zerfressenen Stämmen klafften dunkle Baumhöhlen und in Zickzacklinien verlaufende Risse voller erstarrtem Harz. Dascha trat hinaus auf die Allee. Vor ihr war vollkommene Dunkelheit. Modergeruch wehte sie an. Dascha blies in die Pfeife. Der Vogel antwortete. Dascha ging die Allee hinunter. Das Dunkel verdichtete sich, die mächtigen Tannenäste waren in der Höhe miteinander verflochten und verbargen Sonne und Himmel. Weiter vorn zeichnete sich etwas Kleines, Weißes ab. »Der Vogel!«, dachte Dascha zuerst, aber dann fiel ihr ein, dass der Vogel bunt war.

Das Kleine, Weiße schwebte mitten in der Allee. Dascha trat näher. Das Weiße schwebte reglos vor ihr. Dann verschwand es. Und erschien wieder. Dascha ging nun ganz dicht heran. Das Weiße verschwand. Und erschien wieder. Dascha blickte aufmerksam hin. Plötzlich erkannte sie, dass dieses Weiße, Kleine das weißliche Auge des Pferdes war. Es blinzelte. Dascha schaute noch genauer hin. Und sah das schwarze Pferd. Das von vorhin. Es stand auf der Allee und war im Dunkeln kaum zu erkennen. Der schwarze Körper schien mit der dämmrigen, nach Tannennadeln und Harz duftenden Luft verschmolzen zu sein.

Dascha stand stocksteif da.

Sie hatte überhaupt keine Angst. Aber sie wusste

nicht, was sie machen sollte. Das Pferd rührte sich nicht. Es bewegte nicht die Lippen, blähte nicht die Nüstern.

»Ob es schläft?«, überlegte Dascha und spähte in das gesunde Pferdeauge. Es war feucht und dunkelviolett wie eine Pflaume und blickte irgendwohin zur Seite. Überhaupt nicht in Daschas Richtung.

»Keine Bange«, sagte Dascha.

Das Pferd zuckte zusammen, als sei es erwacht. Die Nüstern schnaubten.

»Keine Bange«, sagte Dascha wieder.

Das Pferd stand immer noch reglos da. Dascha streckte behutsam die Hand aus und legte sie auf die Lippen des Pferdes. Sie waren warm und samtweich.

»Keine Bange, keine Bange …« Mit erdbeerklebrigen Fingern streichelte Dascha die Pferdelippen.

Das Pferd senkte langsam den Kopf. Es schnupperte an dem nach Tannennadeln riechenden Boden. Und blieb mit gesenktem Kopf reglos stehen. Dascha ging in die Hocke und fuhr fort, die Lippen und die Nüstern der Stute zu streicheln. Das weißliche Auge war jetzt ganz nah. Dascha starrte hinein. Das Auge war nicht ganz weiß. In der Mitte schimmerte dunkel die winzige, von einem hauchfeinen bläulichen Ring umgebene schwarze Pupille. Dascha brachte ihr Gesicht näher an dieses außergewöhnliche Auge. Es blinzelte. Das Pferd stand immer noch reglos da, den Kopf gesenkt. Dascha inspizierte das Auge. Es erinnerte sie an das kleine Rohr, das ihre Lehrerin Warwara Stepanowa einmal aus Ljudinowo mitgebracht und im Unterricht gezeigt hatte. Das Rohr hatte einen langen erwachsenen Namen, der mit dem Buchstaben K anfing. Dascha hatte sich das Wort nicht merken können und nannte das Rohr nur »Kaleida-Kaleida«. Darin war ein kleines Loch. Da musste man reinschauen und das andere Ende gegen das Licht halten. In dem Rohr sah man dann eine schöne Blume. Wenn man Kaleida-Kaleida drehte, verwandelte sich die Blume in andere Blumen, und es gab so viele davon, und sie waren alle so schön und so verschieden, dass es einem den Atem verschlug und man das Rohr sein Leben lang hätte weiterdrehen können.

Dascha spähte in das Pferdeauge.

Sie war überzeugt, darin müsste alles über und über weiß sein, wie im Winter. Aber in dem weißen Auge war überhaupt nichts Weißes. Im Gegenteil. Da war alles rot. Das Auge quoll über von diesem Rot, und dieses Rot war so groß und so tief wie der Tümpel bei der Mühle und sehr, sehr, sehr dickflüssig und unersättlich und bedrohlich, es sickerte, schwoll an und quoll auf wie Sauerteig. Dascha musste daran denken, wie man einem Huhn den Kopf abschlägt. Und wie dann die rote Kehle gluckst. Und plötzlich sah sie im Auge des Pferdes ganz deutlich die Rote Kehle. Und sie war riesig.

Dascha erschrak so sehr, dass sie erstarrte wie ein Eiszapfen. Das weiße Auge blinzelte.

Das Pferd seufzte. Es zitterte am ganzen Körper.

Schnaubte. Hob den Kopf, sog mit den Nüstern geräuschvoll die dämmrige Luft ein. Und lief, ohne Dascha zu beachten, in die Tiefe des Waldes. Dascha saß noch immer in der Hocke und hielt den Atem an. Und plötzlich begriff sie, dass sie die schwarze Stute nie im Leben wiedersehen würde. Sie verschwand aus Daschas Leben wie aus einem Stall. Zog von dannen und schnaubte hin und wieder. Und war kurz darauf zwischen den Bäumen verschwunden.

Dascha setzte sich auf den Boden. Ihre Hände versanken in den Tannennadeln. Der Schreck war im Nu verflogen. Ihr war irgendwie beklommen zumute. Sie verspürte eine furchtbare Müdigkeit. Und sie hatte großen Durst.

Sie stand auf und ging zurück zur Lichtung. Als sie aus dem Wald trat, kniff sie in der grellen Sonne die Augen zusammen. Es war inzwischen noch heißer geworden. Auf der Lichtung im Birkenwäldchen holte sie ihren Korb, hängte ihn über die Schulter und ging zurück zur Wiese.

Die Männer mähten schon in der Mitte der Wiese. Die Mutter wendete Heu. Dascha ging zu ihr.

»Na, wie viel hast du gesammelt?« Die Mutter schob das Kopftuch zurück, das ihr in die Stirn gerutscht war, warf einen Blick in den Korb und fing an zu lachen. »Ist das alles?! Nicht gerade viel!«

»Ich habe dem Pferd ins Auge geguckt. Da ist eine rote Kehle«, sagte Dascha und brach unvermittelt in lautes Schluchzen aus.

»Was hast du denn?« Die Mutter nahm sie auf den Arm und fasste ihr an die Stirn. »Du bist ja ganz überhitzt ...«

Die Mutter trug das weinende Mädchen unter den Baum und bespritzte sie mit Wasser. Als sie sich ausgeweint hatte, trank Dascha Wasser, bis ihr Durst gelöscht war, und fiel in einen tiefen Schlaf. Sie erwachte erst auf dem Arm des Vaters, der sie nach Hause brachte, ins Dorf. Die Sonne ging unter, die Kühe, die zurückkehrten, muhten, die Hunde bellten.

Zu Hause warteten die Großmutter und Daschas dreijähriger Bruder Wowka. In der Dämmerung setzten sie sich beim Licht der Petroleumlampe zum Abendessen. Die Großmutter zog einen Topf mit warmer Suppe aus dem Ofen. Sie aßen frisch gebackenes Brot dazu und schwiegen. Dascha schlang ihre Suppe gierig hinunter und kaute das leckere frische Brot. Die Mutter fasste ihr an die Stirn:

»Es ist weg ...«

»Großmutters Enkeltöchterchen hat zu viel Hitze abbekommen!« Großvater Jakow zwinkerte Dascha zu.

»Die Sonne geht ins Blut, das weiß man ja ...« Die Großmutter, eine kräftige Alte mit großem Mund, nickte.

Nach dem Essen gingen sie alle erschöpft schlafen, der eine hierhin, der andere dorthin: Großvater Jakow in den Garten, Grischa und Wanja in die Scheune, die Mutter und der kleine Wowka in die Kate und die Großmutter auf den Ofen. Der Vater gähnte und wollte die wohlriechende kupferne Petroleumlampe löschen. Doch Dascha klammerte sich an sein Hosenbein.

»Papa, und das Blatt?«

»Stimmt ...«, erinnerte sich der Vater, und er schmunzelte in seinen Bart.

Abend für Abend riss Dascha ein Blatt von dem Kalender ab, der an der Wand neben der Pendeluhr und dem Holzrahmen mit den Fotografien hing. Da war der Vater in Soldatenuniform, da waren Mutter und Vater mit Blumen und gemalten Tauben, die sich küssten, Großvater Jakow mit einem Gewehr im Ersten Weltkrieg und mit dem alten Vorsitzenden auf dem Jahrmarkt in Brjansk, ein KW-Panzer, Stalin, Budjonny und die Schauspielerin Ljubow Orlowa.

Der Vater hob Dascha hoch, und sie riss das Kalenderblatt ab.

»Na, lies vor, was wir morgen haben«, sagte der Vater wie immer. »Zweiundzwanzigster Juni ... Sonn ... tag ...«, las Dascha laut vor.

Der Vater ließ sie auf den Boden hinunter.

»Sonntag. Morgen gehen wir wieder mähen ... Schlaf jetzt!«

Und er gab ihr scherzhaft einen Klaps auf den Po.

WELLEN

Die Schiffbaukiefern knarrten immer ganz unterschiedlich: lauter und gedehnter im Winter, leiser und dumpfer im Sommer. Nachts aber, so schien es ihr, gaben sie sich große Mühe, gar nicht zu knarren. Nachts standen sie einfach da. Und schliefen vermutlich. Wie Elefanten. Oder wie die neuen Telegrafenmasten, die vom Bahnhof zur Datschensiedlung führten. Sie liebte die Schiffbaukiefern, die um das Haus herumstanden. Sie liebte es, sie anzuschauen. Ihnen zuzuhören. Sie zu berühren.

Sie gähnte. Und schlug die Augen auf. Der linke Fensterflügel war verhängt, der rechte weit geöffnet in die helle Julinacht. Dort standen die Schiffbaukiefern. Der abnehmende Mond hing in ihren zerfransten Kronen.

Aus den Augenwinkeln sah sie, wie durch die angelehnte Schlafzimmertür Licht aus seinem Arbeitszimmer hereindrang. Er hustete kurz, rückte den Stuhl. Und begann, mit seinen Papieren zu rascheln. Das hieß, dass er jetzt aufhörte zu arbeiten. Sie erwachte unweigerlich in diesem Moment. Jedes Mal. Er knipste den Schalter der Schreibtischlampe aus. Das gelbe Licht erlosch. Er kam ins Schlafzimmer. Das milchige Mondlicht fiel auf seine gebeugte Gestalt in dem gestreiften Schlafanzug, beleuchtete seine Glatze, funkelte in der Brille. Er begann sich auszuziehen. Unbeholfen wie immer, verhedderte er sich in den weiten Hosenbeinen und strauchelte. Er stellte sich bei allem unbeholfen an. Außer beim Angeln und bei seiner Arbeit.

»À la fin ...«, sagte sie zum tausendsten Mal.

»Schläfst du nicht, Margoscha?«, fragte er zum tausendsten Mal.

Sie lag auf der linken Hälfte des Doppelbetts und schlug die leichte Sommerbettdecke auf seiner Seite zurück. Er setzte die Brille ab, klappte sie zusammen, packte sie in das Brillenetui und legte sie auf den mit Büchern übersäten Nachttisch. Dann setzte er sich aufs Bett und zog die Füße mit den langen Zehen aus den Pantoffeln. Und kroch, hager und gebeugt, wie er war, in Unterhemd und langer schwarzer Unterhose unter die Decke.

»Du hast den Vertrag schon wieder gebrochen.« Sie sah auf das leuchtende Zifferblatt der Uhr.

»Margoscha, es gibt so viel zu tun. Jede Menge Arbeit ...« Er zog die Bettdecke bis zum Hals hoch, klammerte sich daran fest und gähnte ächzend und ausgiebig, wobei er den Mund so weit aufriss, dass das Mondlicht auf seine goldplombierten Backenzähne fiel.

»Morgen fahren wir baden. Zum See. Da können wir schön lange schwimmen.«

»Ganz bestimmt, Liebes ... ganz bestimmt ...« Er gab ihr mit seinen großen, stets feuchten Lippen einen schmatzenden Kuss. »Was haben wir morgen?«

»Sonntag.«

»Ach ja. Gestern war Freitag – Barmin.«

Er seufzte tief und schloss die Augen. Sie legte die Hand auf seine breite, warme Stirn. Begann ihn zu streicheln.

»Du arbeitest jetzt nachts immer furchtbar viel.«

»Ja, ja. Das geht vorbei.«

»Furchtbar viel.«

»Ja, ja ...«

Ihre Hand strich über seine eingefallenen Wangen und legte sich auf seine unbehaarte Brust. Sie rückte näher an ihn heran und küsste sein Ohr mit dem großen Ohrläppchen.

»Liebling.«

»Ja, Margoscha.«

»Wir haben schon lange nicht mehr ... du weißt schon, etwas sehr Schönes ... Nicht wahr?«

»Ja, Margoschenka.«

Ihre Hand glitt über seinen Körper.

»Etwas sehr, sehr Schönes ...«

»Ja, Margoschenka ...«

»Etwas, das mein Hirsch sehr gerne mag.«

»Ja, Margoscha ...«

»Und das seine Hirschkuh auch sehr gerne mag.«

»Ja, Margoscha ...«

Sie rückte noch näher und umarmte ihn. Er wälzte

sich herum, strampelte mit den Füßen, um die Decke abzustreifen, und drehte sich zu ihr. Ihre Hände verflochten sich. Sie küsste seine großen, feuchten, ungeschickten Lippen. In zwölf Jahren hatte sie ihm nicht beibringen können, wie man küsst. Ihre Hand schlüpfte unter die Decke.

»Siehst du … der Hirsch will seine Hirschkuh …«

»Ja, Margoschenka …«

»Der Hirsch hebt sein prächtiges Geweih …«

»Ja, Margoschenka …«

»Der Hirsch schlägt mit seinem goldenen Huf …«

»Ja, Liebste …«

»Der Hirsch röhrt lockend …«

»Ja, ja …«

»Der Hirsch ist bereit zum Kampf …«

Sie rückte von ihm ab, kniete sich hin und zog langsam ihr Nachthemd aus. Das Mondlicht floss über ihren nackten Körper: die runden, kräftigen Schultern, die große Brust, das üppige, breite Becken, die feste Taille mit der Falte am Bauchnabel. Sie schüttelte ihre dichten kastanienbraunen Haare und ließ sie locker herunterfallen. Sie beugte sich vor, griff nach der Decke und ließ sie auf den Boden gleiten.

Er lag auf dem Rücken und schaute halb blind zu ihr auf.

Ohne Eile zog sie ihm Unterhemd und Unterhose aus. Sie legte sich neben ihn, umfing ihn und neigte ihre Lippen über seinen Mund. Ihr kräftiges Bein zwängte sich unter seine hageren Beine, ihre kräftigen Arme schlossen sich um seinen selbst im Bett noch gebeugten Rücken. Sie zog ihn sanft über sich und zwischen ihre Beine, umschlang ihn mit ihren kräftigen Schenkeln und half mit der Hand nach:

»Siehst du, so ...«

Er zuckte, stemmte sich mit Händen und Füßen auf das Bett, den großen kahlen Kopf im prächtigen Haarschopf seiner Frau vergraben. Und begann, sich eckig und ruckartig zu bewegen. Als würde er sie mühsam erklettern. Sie half behutsam nach:

»Ja, so, Liebling ... ja, so ...«

Er ächzte und stöhnte in ihre Haare. Sein Rücken spannte sich und schien zu erstarren. Die schmächtigen Hinterbacken zitterten und schaukelten im Mondlicht.

»Ja, so ... ja, so ...«, wisperte sie in sein großes, kaltes Ohr.

Seine Bewegungen wurden heftiger. Er stöhnte lauter. Sie seufzte tief auf, ihre Arme lösten sich und glitten über das Laken, die Handflächen pressten sich auf das Bett. In wellenförmigen Bewegungen erwachte ihr Körper zum Leben. Sie wiegte ihn auf sich. Er grunzte, zappelte und stöhnte. Sie hingegen wiegte ihn geschmeidig, unbeirrbar, stark. Und geschickt:

»Ja, so ... ja, so ...«

Eine Welle lief über ihren Körper, von den gelblichen, aufs Bett gestemmten Fersen über die kräftigen, glatt rasierten Unterschenkel, sie wurde stärker in den mächtigen Schenkeln, durchschüttelte das Gesäß, durchflutete den breiten Venushügel, wogte höher, höher, höher, rollte über den weichen Bauch und die dahingegossenen Brüste und verebbte in den Schlüsselbeinen und dem durchgebogenen Hals:

»Ja, so ... ja, so ... ja, so ...«

Seine unbeholfenen Bewegungen brachen ab. Er erstarrte. Die Welle ihres Körpers trug ihn mit sich.

»Ja, so ... ja, so ... ja, so ...« Heiß atmeten ihre Lippen. Es dauerte und dauerte. Hilflos schwankend lag er auf ihr, das Gesicht in ihren Haaren vergraben. Plötzlich erzitterte er am ganzen Körper und stieß einen dumpfen Schrei aus. Sie fuhr zusammen, ihre Schenkel zuckten nach oben, ihre Beine und Arme umschlangen ihn:

»Ja! Ja! Ja!«

Er stöhnte lang gezogen und hilflos auf, wie ein Verwundeter. Dann fing er an zu husten. Sie schrie auf und hielt ihn umfangen. Ihr Kopf zuckte ruckartig und heftig, wie von einem Schlag:

»Oh, jaaa, Liebling ...«

Er hustete trocken und stoßweise. Dann war er still. Eine Minute lang lagen sie regungslos da, vom Mondlicht übergossen.

Ihre Arme und Beine lösten sich und sanken kraftlos auf das Bettlaken. Sie stieß einen tiefen Seufzer aus. Er aber lag reglos da. Ermattung und süße Müdigkeit zogen seinen schlaffen Körper unnachgiebig in den Schlaf. Sein Hirn aber, sein mächtiges Hirn ließ sich Zeit: »... wie sie ... wie sie das macht ... macht das so gut ... so gut ... so unfassbar gut ... das Schaukeln ... das Wiegen ... unfassbar und süß ... konzentrische Kreise, Interferenz gedämpfter Wellen, Wellen ... die Wellen ... ein Ozean ... sie ist ein Ozean ... sie ist mein Ozean ... mein kleiner, winziger Ozean ... Margoschenka ... was hatte ich für ein Glück mit ihr ... ein Ozean ... ein Ozean ... die Trägheit des Ozeans ... die kinetische Energie der Wellen ... die Strömungsdynamik ... Gravitationswellen verlieren praktisch keine Energie ... und wenn – eine Welle? Eine Welle! Eine Welle! Produkt – für ein Torpedorohr ... Ausstoß von einem U-Boot in neutralen Gewässern ... oder sogar von einem Schiff ... einfacher ... Produkt hundert Megatonnen ... unser Maximum ... eine Explosion in der Tiefe ... je tiefer, desto besser, desto höher die Wellen ... zuerst so tief wie möglich versenken ... nein ... gefährlich ... zerdrückt die Ummantelung ... einen leistungsstarken Stahlmantel machen ... auch wenn es den Torpedo zertrümmert, aber das Produkt ist intakt ... in fünfhundert Meter Tiefe ... eine Explosion nach Signal ... oder nach Tiefenmesser ... die Explosion ... die Welle bricht los, bricht los ... sie wird gigantisch sein ... einhundert Megatonnen ... eine Megatonne ist gleich eine Trillion Kilokalorien ... einhundert Trillionen ... also ... der Energiefluss pro laufendem Meter der Wellenfront ... die von den Wellen abgetragene Gesamtenergie bleibt praktisch konstant ... so ... überprüfen wir es ... also ... also ... wenn das Epizentrum der Explosion zweihundert Kilometer vom Land entfernt ist, beträgt die Wellenhöhe an der Küste ... achtzig Meter! Kolossal! Und bei vierhundert Kilometer Entfernung vom Ufer – vierzig Meter ... auch äußerst effektiv ... höchst effektiv ... Energie und Zerstörungskraft der Welle sind quadratisch zusammenhängend mit ihrer Höhe ... ist die Höhe verdoppelt, vervierfacht sich die Energie der Welle ... eine immense Kraft! ... Höhe achtzig Meter ... sie spült New York hinweg ... Boston ... und was es da sonst noch so gibt ... eine Welle von achtzig Metern ... ich frage mich, wie viel ... unsere Datscha ist 3 plus 2,5 plus ungefähr 2 Meter Mansarde ... das macht 7,5 ... 10,6 mal die Höhe unseres Hauses ... kolossal! ... sie spült nicht nur die Stadt hinweg, sie überflutet Dutzende von Kilometern ringsum ... ja! Und zwar nicht eine einzige Welle – Wellen! Wellen rollen heran, eine nach der anderen, das Intervall ist abhängig von der Tiefe der Explosion und der Leistung des Produkts ... ja, Dutzende von Wellen ... und sie ebben nicht sofort ab, nein ... kolossal! ... es wird fast alles überflutet ... Wanja, Garik und Koroljow streiten über das Trägersystem ... dabei ist es kinderleicht – einen Torpedo abschießen, und das war's ... und wenn man zwei Produkte in die Luft jagt, eins an der Westküste, eins an der Ostküste ... gleichzeitig ... das spült ihnen alle Städte weg ... Los Angeles ... San Francisco ... was es da sonst noch so gibt ... das setzt alles unter Wasser ... alles ... das halbe Land unter Wasser ... und das in einer halben Stunde ... man braucht keine Raketen, keine Flugzeuge und Langstreckenwaffen, es gibt kein Risiko beim Start ... zwei Torpedos unter Wasser ... man kann Tiefentorpedos machen mit einer superdicken, leistungsstarken Ummantelung ... jeder wie ein U-Boot ... dicker legierter Stahl ... mit vulkanisiertem Gummi überziehen ... machen die Matrosen ... kann keiner einschneiden ... oder einfach umbauen ... und man braucht gar keine Raketen ... wie einfach und so genial ... eine kolossale Idee ... morgen werde ich unsere Leute damit überraschen ... nein, morgen ist Sonntag ... da werde ich mich ausruhen ... wenn wir ans Meer fahren ... Anfang August ... da ist auch Margoschas Geburtstag ... wir feiern in Foros ... mit Sergej und Ljalka – am zwölften – zwölf – eine schöne Zahl ... lässt sich in zwei Grundzahlen teilen ... und drei und vier ist sieben ... sieben ... sieben Planeten ... sieben Knöpfe an der Jacke, und den achten hat die Tante mit der Trophäenschere abgeschnitten ... Schwanenschere ... Schwanenschere ... mit der langen Nase ... für alle Zeiten weggeflogen ... weggelaufen ... weggesprungen ... wie die große Flut ... das ... das ist ... wie ... eine Welle ... Wasser ... eine Welle ... Wasser ... Wassermann ... Kapitäne ...«

Er war eingeschlafen.

Sie wand sich behutsam unter ihm hervor, stand auf, hob die Bettdecke vom Boden auf und legte sie über ihren schlafenden Ehemann. Sie holte ein Handtuch aus dem Kleiderschrank und wischte sein Sperma zwischen den Beinen und an den Oberschenkeln ab. Sie warf das Handtuch zu Boden. Sie nahm die Schachtel *Trojka* vom Nachttisch, zündete sich eine Zigarette an und ging zum Fenster. Die Kiefern standen im hellen Mondlicht.

»Rita hat sich den Magen verdorben, sie kommt nicht. Die Charitontschiks gehen zu einer Hochzeit. Wir sind morgen ganz alleine ...« Sie blies den Rauch zum Fenster hinaus. Der Rauch ballte sich im Mondlicht zu Wölkchen.

»Sein Husten gefällt mir nicht. Er ist irgendwie so trocken ... Wenn wir wieder in Moskau sind, schicke ich ihn zu Matwejew, der soll ihn mal röntgen. Bei mir ist es auch hundert Jahre her, und ich qualme wie ein Schlot ...« Sie rauchte zu Ende und drückte den Stummel in dem Marmoraschenbecher auf dem Nachttisch aus. Sie legte sich auf ihre Seite des Bettes, deckte sich zu und schlief schnell ein.

Sie träumte:

Sie ist im Pionierlager »Komintern« in der Nähe von Serpuchow und geht mit der dritten Gruppe in den Wald, um der örtlichen Försterei beim Sammeln von Tannenzapfen zu helfen, sie läuft durch den sonnendurchfluteten Wald, zusammen mit Dina Gordina und Tamarka Fedortschuk, und Dina trägt in einem Korb ihr Kind, das im Krieg zusammen mit seiner Mutter in einem brennenden Zug umkommen wird, und Tamarka und sie wissen das, und sie wissen auch, dass es bald Krieg gibt, aber sie beneiden Dina, weil die als Pionierin schon verheiratet ist mit einem Studenten der Arbeiter-und-

Bauern-Fakultät und schon ein Kind hat und weil sie außerdem Gruppenleiterin ist, deshalb sagen sie ihr nichts und tun so, als sei alles in bester Ordnung, sie lachen und albern herum, das Kind schläft in seinem Korb, und sie blickt nach unten, sucht nach Tannenzapfen, aber es sind gar keine da, vielmehr sind sie schon zu alt, wenn sie sie aufheben will, zerfallen sie ihr in den Händen zu einer Art grauer Asche voller kleiner Käfer und Würmer, sie weiß sich nicht zu helfen und nimmt diese wimmelnde Masse mit ihrem Körbchen direkt vom Boden auf, und es ist sehr schön im Wald, zum Weinen schön, so wie es nur in der Kindheit ist, und sie sieht jede Tanne, jede Tannennadel, jeden Grashalm unter den Füßen, und die Mädchen kichern, aber Dina bleibt ernst, und sie bemüht sich, Dina nicht anzuschauen, sie nicht zu beachten, das schlafende, schrecklich schöne Kind nicht zu sehen, sie überholt alle anderen, geht voraus und blickt in den Wald, und plötzlich sieht sie weiter vorn im Wald etwas Schwarzes, Riesiges, und mit jedem Schritt kommt dieses Schwarze, Riesige näher, schiebt das Grün auseinander, sie geht weiter auf das Schwarze, Riesige zu und stößt auf eine gewaltige schwarze Wand, die bedrohlich über ihr emporragt, sie hebt den Kopf und erstarrt vor Entsetzen: Die Wand ist turmhoch und tintenschwarz, sie verdunkelt die Sonne und erstreckt sich zu beiden Seiten hin, und ein solches Grauen geht von ihr aus, dass ihre Beine zittern und weich werden, sie sind weich und biegen sich wie Gummi, sie sinkt in dem weichen Waldboden ein, legt den Kopf in den Nacken und blickt auf die Wand, mit entsetzt zusammengepressten Zähnen, und die Wand ragt empor, ragt empor, ragt empor, und sie kann nicht schreien, weil sie die Zähne zusammengepresst hat, und von hinten nähert sich Dina mit ihrem wunderschönen schlafenden Kind und sagt leise zu ihr: Hab keine Angst, das ist die schwarze Welle, sie kriecht langsam vorwärts, seit vielen Jahren schon, und sie ergreift ihre Hand und legt sie auf die schwarze Welle, und sie spürt, dass die schwarze Welle hart und kalt wie Eisen ist und dass diese Welle vorwärtskriecht, wahnsinnig langsam nur, vielleicht einen Zentimeter pro Tag, aber dennoch kriecht sie, und weil sie so langsam und so unaufhaltsam kriecht, wird sie noch unheimlicher, und sie erwacht.

Unter der Tür zum Arbeitszimmer hindurch sickerte die Sonne ins Schlafzimmer. Man hörte draußen die Vögel singen und unten in der Küche die Haushälterin Nina das Essen vorbereiten.

Sie setzte sich auf, warf die Bettdecke weg und rieb sich das Gesicht. Ihr fiel ein, was sie bei Nina zum Essen bestellt hatte: Kalbfleischfrikadellen, Eintopf, Kirschkaltschale und Quarkauflauf.

Ihr Mann schlief, den Mund mit den großen Kinderlippen weit geöffnet, und schnarchte. Sie stand auf, ging ins Bad und nahm eine Dusche. Sie steckte ihre schönen Haare hoch, zog einen Lidstrich, schminkte sich die Lippen und suchte ein Kleid heraus: ein jugoslawisches Modell, Spaghettiträger, ein Glockenrock mit roten Kreisen und gelben Zickzacklinien. An den

Ohrläppchen befestigte sie runde Bernsteinclips, an der rechten Hand ein Bernsteinarmband, an der linken eine Platinuhr und einen Ring mit weißem Bernstein, dazu legte sie eine Halskette mit einem goldenen Delphin um und sprühte etwas von dem Parfum *Mitsouko,* das Kora Landau ihr zu Neujahr geschenkt hatte, auf Hals und Nacken.

Dann ging sie ihren Mann wecken.

Er schlief wie zuvor, mit offenem Mund und in das Kissen geschmiegt. Sein Speichel hatte eine Spur auf dem Kissenbezug hinterlassen.

»Da hat aber jemand richtig ausgeschlafen …« Sie neigte sich vor und küsste ihn flüchtig auf die grau melierte Schläfe.

Er schmatzte mit den Lippen, seufzte schwer und öffnete die Augen einen Spaltbreit. Sie küsste ihn wieder.

»Margoscha …«, murmelte er und wälzte sich herum. »Wie spät ist es?«

»Gleich zwölf.«

»Ich stehe auf.«

Er stand stets rasch und kurz entschlossen auf. In seinen schwarzen, knielangen Unterhosen ging er ins Bad. Eine ganze Weile verbrachte er damit, »die Peristaltik in Ordnung zu bringen«, und raschelte dabei mit der Zeitung *Wetschernaja Moskwa.* Anschließend wusch er sich geräuschvoll das Gesicht, unternahm »eine gründliche Reinigung der Beißwerkzeuge« mit dem Zahnpulver *Bodrost* und spuckte mit Leidensmiene den weißen Schaum aus. Dann rasierte er sich und schnitt sich dabei kein einziges Mal. Anschließend putzte er seine Brille mit einem Wildledertuch, zog den dunkelblau gestreiften Pyjama an und ging die Treppe hinunter. Im Sommer frühstückten sie immer im Garten.

Er wünschte der Haushälterin, die am Herd hantierte, laut einen guten Morgen, nahm vom Wohnzimmertisch eine Nummer der Zeitschrift *Nowy Mir*, bei der in der Mitte von *Matrjonas Hof* ein Brief seiner Mutter steckte, ging von der Veranda hinunter auf den kiesbestreuten Weg und atmete, gegen die Sonne blinzelnd, tief ein.

Es war warm, sonnig, windstill und wolkenlos. Die schmalen, schlanken Stämme der Schiffbaukiefern standen dicht an dicht, reckten sich hoch zu den Kronen und schimmerten bronzefarben. Mitten zwischen den Kiefern erhoben sich unversöhnlich drei dunkle, dichte, eng miteinander verwachsene Tannen. Sie waren älter als die Kiefern. In dem düsteren Tannengrün schrie eine Elster. Der unvermeidliche Wachmann – der stämmige, glatzköpfige Oleg, Hauptmann der Staatssicherheit – lehnte aus dem Fenster seiner Bude und begrüßte den Hausherrn mit einem dienstlichen Lächeln. Dieser grüßte wie immer sehr laut zurück. Seine hohe, leicht schnarrende Stimme hallte durch das Kiefernwäldchen, das von einem grünen, oben durchgehend mit Stacheldraht abgeschlossenen Bretterzaun umgeben war.

»Da ist ja schon jemand heruntergekommen ...« Seine

Frau stand vor dem breiten Verandafenster und hielt eine ausländische schwarze Schallplatte in der Hand.

»Margoscha ...« Er lächelte ihr zu.

»Ein Wetter ist das, geradezu wie bestellt«, fuhr seine Frau in singendem Tonfall fort.

»Prächtiges Wetter ...«

»Draußen steht schon alles auf dem Tisch.« Sie wischte die Schallplatte ab, beugte sich vor, legte sie auf und knipste den Plattenspieler an.

Yves Montand begann zu singen.

Die Elster verstummte sofort. Mit der *Nowy Mir* unter dem Arm schlurfte er in seinen Pantoffeln über den mit Kiefernnadeln bedeckten Kies zu den Apfelbäumen. Darunter stand ein runder Tisch mit einem Tischtuch, der zum Frühstück gedeckt war. Er setzte sich auf seinen Platz, schlug die Zeitschrift auf und vertiefte sich in die Lektüre. Erst als seine Frau, die ihm gegenübersaß, ihm Kaffee einschenkte, tauchte er wieder auf.

»Willst du es noch einmal lesen? Habt ihr euch noch nicht genug gestritten, Barmin und du?«

»Ja ... ich will nochmals reinschauen ...«, murmelte er, ohne sich von der Zeitschrift loszureißen. »Seine Sprache ist natürlich nicht gerade alltäglich ... Sie ist irgendwie ... ich weiß nicht ...«

»Du hast gar nichts zu meinem Kleid gesagt.«

Er schlug das Heft zu und blickte seine Frau mit zur Seite geneigtem Kopf aufmerksam an:

»Wunderbar. Sehr schön.«

»Das ist für dich.«

»Vielen Dank, meine Liebe.«

Sie goss Sahne in seinen Kaffee und gab zwei Stückchen Zucker dazu.

»Nimmst du Quark?«

»Ja, gerne!«

»Mit Konfitüre oder mit Honig?«

»Mit Honig.«

Sie füllte ihm Quark auf den Teller und träufelte Honig darüber.

»Ich habe gar nicht gefragt, was Mama schreibt.«

»Alles in Ordnung, bloß die Nieren machen ihr Kummer.« Er neigte sich über den Teller und begann hastig, seinen Quark zu löffeln.

»Ich verstehe überhaupt nicht, warum sie nicht wenigstens den Sommer über bei uns bleiben will ...«

»Margoscha, es ist doch immer das alte Lied ...« Er schmatzte laut mit seinen großen Lippen. »... willst du wirklich wieder davon anfangen?«

»Ein schwieriger Charakter.« Sie nahm einen Schluck Kaffee.

»Das stimmt. Aber sie hat dich sehr gern.« Kauend zog er den Brief aus der Zeitschrift und reichte ihn ihr. »Lies, wenn du willst.«

»Später, Liebling.«

»Von mir aus ...« Er schob den Brief in die Pyjamatasche, hörte plötzlich auf zu kauen, hielt mit dem Löffel voller Quark inne und spähte in die Tasche. »Aha ...«

»Was ist?« Sie zog die Augenbrauen hoch, die genauso dicht waren wie ihre Haare.

Er grinste, schürzte die quarkverschmierte Unterlippe, neigte den Kopf zur Seite und zog ein in Folie eingewickeltes Päckchen aus der Tasche.

»Und ich habe mich schon gefragt, was mir wohl die Tasche ausbeult!«

Er legte das Päckchen auf den Tisch.

»Du liebe Güte!«, lachte sie. »Hast du das die ganze Zeit mit dir herumgeschleppt?«

»Offensichtlich schon!«, lachte er und fletschte seine großen Zähne. Es war ein Stück Schmelzkäse, das Barmin am Freitag mitgebracht hatte. In Moskau hatte man ein großes Werk eröffnet, in dem Milchprodukte mit neuer Technologie hergestellt und verpackt wurden. Barmin und Nesmejanow waren zur Eröffnung eingeladen gewesen. Das Werk war voll automatisiert und produzierte und verpackte Milchprodukte schnell und effizient. Barmin hatte ihnen Milch in einem dreieckigen Tetra Pak mitgebracht, saure Sahne in einem Plastikbecher, Quark in Zellophan und zwei Stücke Schmelzkäse. Lachend hatte er gesagt:

»Jetzt gibt es in der Sowjetunion schon dreieckige Milch!«

Sie hatten ein Stück Käse gegessen. Der Geschmack hatte sie nicht sonderlich beeindruckt.

»Naturkäse ist besser«, hatte sie gesagt, und ihr Mann hatte ihr zugestimmt und das andere Stück in die Pyjamatasche gesteckt.

Also musste er seit zwei Tagen mit dem Schmelzkäse in der Tasche herumgelaufen sein.

»Ich vergesse noch einmal meinen Kopf ...«, brummte er und drehte das Päckchen mit dem Käse herum.

Auf dem bläulichen, mit einem weißen Schiffchen verzierten Etikett stand *Welle.* Und klein darunter *Schmelzkäse.*

»Welle ...«, las sie.

»Welle ...« Er rückte seine Brille zurecht. Und jeder erinnerte sich sogleich an seine Welle.

DAS ROSTIGE MÄDCHEN

Für Igor Smirnow

An einem Sommersonnentag lief ein sympathisches junges Mädchen die Hauptstraße der Stadt entlang. Ein leichtes Sommerkleid betonte angenehm ihre schlanke Figur. Kastanienbraunes Haar reichte bis zu den zarten Schultern, mit jedem ihrer festen Schritte hüpften die Locken im Takt. Zielstrebig ging sie dahin, eine Hand am geschulterten Täschchen, die andere frei schwingend. Ihre weißen Schuhe mit den schmalen Absätzen klapperten munter über das Pflaster.

Nur eine Misslichkeit haftete dem Mädchen an: Sie quietschte.

Dieses widerwärtige Quietschen ertönte unüberhörbar bei jedem Schritt. Passanten schauten verstohlen hin, junge Leute wechselten anzügliche Blicke, Kinder lachten und zeigten mit dem Finger auf sie: Da ging eine ohne Blocker.

»Geht und schämt sich nicht«, knurrten die einen.

»Die traut sich was«, grienten die anderen.

»Wie kann man so blöd sein«, meinten die Dritten.

»Wahrscheinlich ist sie arm«, grämten sich die Vierten.

Doch das Mädchen schien weder ihr eigenes Quietschen noch die schrägen Blicke und anzüglichen Bemerkungen zu bemerken.

»Da schau, das Mädel hat den Rost«, brummte der alte Gärtner vor sich hin, während er einen Sack Möhren in einen Karton entleerte. »Wer kein Geld für den Blocker hat, sollte nicht auf die Straße gehen!«

»Quietscht wie ein hungriger Hamster«, feixte der Metzger, seine Pranken an einem Lappen abwischend. »Tollkühne Dirn!«

»Wie wir jung waren, da hat man, wenn das Quietschen kam, als anständiges Mädel brav zu Hause gesessen«, sagte eine alte Dame zu ihrer Freundin. »Von diesen Blockern hat damals keiner was gewusst. Man sah einfach zu, dass man nicht rausmusste. Einmal bin ich in den Milchladen geflitzt, Milch für den kleinen Bruder kaufen. Was bin ich da angezischt worden! Scham und Schande!«

»Jetzt hat es andere Sitten, was wollen Sie von den jungen Dingern verlangen«, sagte die Freundin und nickte.

Das Mädchen lief weiter. Ein großes Bekleidungsgeschäft kam in Sicht. Die große Glastür öffnete sich einladend vor ihr. Das Mädchen traute sich hinein. Sie sah sich um und begab sich in die Damenmode-Abteilung.

»Womit kann ich dienen?«, sprach die Verkäuferin sie an.

»Ich hätte gern ein Sommerkleid mit eingebautem Blocker«, sagte das Mädchen.

»Da haben wir eine große Auswahl«, erwiderte die Verkäuferin lächelnd. »Kommen Sie, ich zeige es Ihnen!«

Sie führte das Mädchen zu einer Kleiderstange. Das Mädchen suchte sich ein hübsches Kleid aus, doch als es den Preis erfuhr, schüttelte es den Kopf.

»Das ist zu teuer für mich.«

»Dann würde ich Ihnen raten, den Blocker separat zu kaufen«, sagte die Verkäuferin.

»Aber nicht jedes Kleid ist für einen Blocker geeignet«, dachte das Mädchen laut nach.

»Das ist das Problem«, bestätigte die Verkäuferin. »Bei dem Kleid, das Sie anhaben, so hübsch es ist, lässt sich ein Standardblocker nicht integrieren.«

»Ich weiß«, seufzte das Mädchen. »Aber ein anderes habe ich nicht. Das hat meine selige Ma für mich genäht.«

»Hier ganz in der Nähe, in der Gasse gegenüber vom Kolonialwarenladen, haben die Afrikaner einen Keller, wo sie Blocker bauen. Die sind deutlich günstiger als in den großen Läden. Schauen Sie da mal vorbei, ich denke, die können Ihnen helfen.«

»Danke für den Tipp. Das ist sehr nett von Ihnen.«

Das Mädchen verließ das Geschäft, ging weiter bis zum Kolonialwarenladen und bog in die Gasse ein. Hier war es viel enger und schmutziger als auf der breiten, blanken Hauptstraße, überall Müll. Bald sah das Mädchen den Kellereingang mit dem Schild: *Zum hinkenden Ali. Technik Pflege Reparatur.* Das Mädchen ging die alten, abgetretenen Stufen hinab, stieß die Tür auf und betrat die Werkstatt. Ein nicht sehr großer Raum, angefüllt mit jedweder Technik, von zwei Lampen beleuchtet – eine unter dem Ziegelgewölbe hängend und eine auf dem Tisch von Ali, dem Betreiber des Ladens. Er hob den Kopf von seiner Werkelei und begrüßte die Eingetretene:

»Guten Tag, Mademoiselle. Wie kann ich Ihnen helfen?«

In seiner greisen Stimme schwang Freundlichkeit mit.

»Ich hätte gern einen Blocker gekauft«, sprach das Mädchen und ließ den Blick durch den Raum schweifen.

»Soll's für den Sommer oder für den Winter sein?«

»Für den Sommer, bitte.«

»Den können Sie für fünfundzwanzig haben.«

»Und wie viel kostet der Einbau?«

»Das kommt auf das Kleidungsstück an.«

»Ich hätte den Blocker gern an diesem Kleid.«

Der Alte schob die Brille in die Stirn und betrachtete das Mädchen.

»Sechzehn.«

»Also alles in allem ...«

»Vierzig. Vierzig glatt, Mademoiselle.«

»Das ist mir zu teuer«, seufzte das Mädchen.

»Mademoiselle, in normalen Läden zahlen Sie fünfzig für einen Blocker und fünfundzwanzig für den Einbau.«

»Ich weiß«, sagte das Mädchen mit traurigem Lächeln.

Der alte Mann erhob sich und kam hinter seinem Tisch hervor. Auf einen Stock gestützt, trat er vor das Mädchen hin.

»Mademoiselle, ich würde Ihnen gern einen Zehner nachlassen, aber wir haben erst letzten Monat eine Mieterhöhung bekommen. Und die Umsätze sind in diesem Jahr recht bescheiden. Wir müssen alle sehen, dass wir überleben.«

»Ja, die Zeiten sind nicht leicht«, stimmte das Mädchen zu. »Da kann man nichts machen, trotzdem danke, dass Sie mir Ihre Zeit geopfert haben.«

Sie wandte sich um und ging quietschend zur Tür.

»Warten Sie!«, rief der Alte.

Das Mädchen hielt inne.

»Ich sehe, Sie schwimmen auch nicht im Geld«, sprach der Mann.

»Das kann man wohl sagen«, erwiderte das Mädchen mit bitterem Lachen.

»Wenn ich Ihnen einen Vorschlag machen darf, Mademoiselle ...«

»Ja, bitte, Herr Ali?«

Der Alte stützte sich mit beiden Händen auf seinen Stock und sagte: »Ich bin schon lange genug auf dieser Welt, um mich früherer Zeiten zu erinnern. Als es noch gar keine Blocker gab. Ledige Fräulein kamen gut ohne sie aus.«

Das Mädchen nickte. »Davon habe ich gehört.«

»Sie brauchen keinen Blocker, wenn Sie mich fragen, Mademoiselle. Keinen für fünfzig und keinen für fünfundzwanzig.«

»Wie soll das gehen?«

»Sie brauchen eine gute Schmierung, das ist alles.«

»Eine Schmierung?«

»Jawohl.«

Der alte Mann hob seinen Stock und klopfte damit an die niedrige Decke. Darauf waren oben Schritte zu hören, und über eine Wendeltreppe kam ein junger, schlanker Afrikaner in den Keller herab. Dem Anschein nach siebzehn.

»Darf ich vorstellen, das ist mein Enkel Abdullah.«

»Guten Tag«, sprach das Mädchen.

»Guten Tag, Mademoiselle«, sprach Abdullah mit einem freundlichen Nicken.

»Abdullah, zeig Mademoiselle dein Schmierkännchen.«

Wortlos wies Abdullah das Kännchen vor.

»Schauen Sie, Mademoiselle, was für ein famoses Kännchen er hat. Randvoll mit gutem weißem Schmierfett. Das ist es, was Sie brauchen. Und keinen Blocker!«

Die Augen des Mädchens hingen an Abdullah und seinem Schmierkännchen.

»Mademoiselle!«, sprach der Alte auf sie ein. »Eine sorgfältige Schmierung einmal die Woche, und Sie sind aller Sorgen ledig. Abdullah ist ein zuverlässiger Junge, er wird Sie nicht enttäuschen. Es kostet sie einen Zehner im Monat, nicht mehr. Und das Quietschen können Sie vergessen, Mademoiselle!«

Das Mädchen dachte nach.

»Und wenn Ihnen das zu teuer vorkommt, sage ich: acht. Weil Sie es sind. Acht pro Monat.«

»Einverstanden«, erwiderte das Mädchen.

»Na also!« Der Alte klopfte triumphierend mit dem Stock auf den Boden.

»Sehen wir es als einen gemeinsamen Sieg über diese wahnwitzige Welt, in der wir alle miteinander leben! Und vergessen Sie das Wort Blocker. Sie werden nie mehr einen brauchen. Abdullah, bring unseren Gast nach oben und versorge ihn, wie es sich gebührt.«

Abdullah machte eine einladende Geste. Das Mädchen stieg die alte Wendeltreppe hinauf und stand in einem gemütlichen kleinen Raum mit Fenster, Bett, schmalem Schrank und Arbeitstisch, auf dem ein Haufen gebrauchter Blocker lag, die der junge Mann offenbar reparierte. Das Fenster ging auf die Gasse hinaus. Im Raum roch es nach altem Mobiliar. Ein Geruch, den das Mädchen kannte und der beruhigend auf sie wirkte.

Obwohl in der Gasse kein Betrieb war, ging der Junge zum Fenster und zog den Vorhang vor. Davon wurde es im Zimmer gleich noch gemütlicher.

Abdullah trat zum Bett, nahm die Decke herunter, faltete sie akkurat zusammen und hängte sie über einen Stuhl.

»Entkleiden Sie sich, Mademoiselle«, sprach Abdullah.

Das Mädchen zog sich aus und legte sich rücklings auf das Bett. Abdullah griff zum Ölkännchen und begann mit der Schmierung. Das Mädchen schaute zur Decke mit zwei alten Wasserflecken und kleineren Rissen. Der Vorhang vor dem Fenster ließ oben einen Lichtspalt offen, durch den man ein Fenster im ersten Stock des gegenüberliegenden Hauses sah. Es war von einer Tüllgardine mit Rosenmuster verdeckt, hinter der die Umrisse einer großen Topfpflanze erkennbar waren.

Scheint so, als wäre ich hier an anständige Leute geraten, dachte das Mädchen. Der alte Ali war gleich so nett zu mir, hat nicht lange zu feilschen versucht oder irgendwelche zwiespältigen Angebote gemacht. Er hat wohl schnell begriffen, dass ich aus armen Verhältnissen komme und an mir nichts zu verdienen ist. Daran erkennt man den guten Charakter, den Menschenfreund. Und sein Enkel ist ein umgänglicher, lieber Kerl. Einer, der sich auf sein Handwerk versteht, obwohl er noch so jung ist. Tja! Nicht umsonst ist heute Morgen dieser Lichtstrahl auf mein Kissen gefallen, der wie ein Pfeil aussah. Ich hab mich noch gefragt, was das bedeutet. Jetzt weiß ich, heute ist mein Glückstag!

Abdullah hatte das Mädchen fertig geschmiert und steckte sein Kännchen weg.

»Alles fein, Mademoiselle. Sie können sich wieder

anziehen«, sprach er mit freundlichem Lächeln und lief geschwind die Treppe hinab.

Das Mädchen stand auf, zog sich an und tat versuchsweise ein paar Schritte durch den Raum. Kein Quietschen mehr, nicht das geringste. Das war so ungewohnt und überraschend für sie, vier Tage hindurch hatte das Quietschen sie verfolgt!

»Wie wunderbar!«, sprach sie vor sich hin und tanzte vor Freude durch das Zimmer. Drehte sich und sang: »Wie wunder-wunder-wunderbar ...«

Dann nahm sie ihre Tasche, die auf dem Schemel neben dem Bett lag, und ging nach unten.

Ali und Abdullah empfingen sie mit freundlichen Blicken.

»Da sehen Sie, Mademoiselle, das Quietschen hat aufgehört! Ganz ohne Blocker!«

»Ich danke Ihnen!« Das Mädchen nahm das Geld aus der Tasche und wollte es Abdullah reichen. Der lächelte nur und deutete zum Großvater hin. Aber der schüttelte den Kopf.

»Nein, das Geld ist für dich! Das hast du dir ehrlich verdient. Ich hab damit nichts zu schaffen.«

Abdullah nahm das Geld entgegen. »Danke, Mademoiselle«, sagte er und klang etwas verlegen.

Allem Anschein nach kam es nicht jeden Monat vor, dass er Mädchen schmierte.

»Lieber Herr Ali, ich dürfte also bei Ihnen vorsprechen, wenn das Quietschen wiederkommt?«

»Aber ja doch, Mademoiselle! Wir sind verabredet.«

»Das ist toll!«

»Abdullah ist immer hier, er wird sich freuen, Ihnen helfen zu können. Und ich bin froh, dass seine Schmierung Sie nicht enttäuscht hat.«

»Sie war ganz ausgezeichnet.«

»Sein neues Kännchen funktioniert zuverlässig, Mademoiselle. Wenn ich den Rat geben darf: Lassen Sie sich regelmäßig schmieren, um vor Überraschungen gefeit zu sein. Sie können jederzeit kommen. Wir sind immer für Sie da.«

»Ich danke Ihnen!«

»Wir sind immer für Sie da«, wiederholte Abdullah, es klang wie ein Echo.

Dankbar lächelte das Mädchen dem schlanken Jungen zu. Sie verließ die Werkstatt, stieg die paar Stufen und stand wieder in der Gasse, wo es so düster und dreckig war wie zuvor, aber das Mädchen achtete nicht darauf. Sie bog in die Hauptstraße ein und schritt aus, sicher und frei.

Wie schön, dass manchmal Wünsche wahr werden, dachte sie.

DER FINGERNAGEL

Für Konstantin Bogomolow

Das Ungemach ereignete sich an dem Abend, als die Bobrows Gäste eingeladen hatten. Gekommen waren das Ehepaar Frajerman, das Ehepaar Semjonow, Onkel Viktor und Soja. Der Tisch war extra ausgeklappt und in die Mitte gerückt, um die Speisen zu fassen; Lidija Bobrowa hatte Zander in Blätterteig gebacken, ihre Mutter, zur Hälfte Ossetin, hatte Saziwi bereitet, die Frajermans den süßen Sekt beigesteuert und ihre berühmte Wundernusstorte, die Semjonows eine Flasche Starka und einen Strauß Chrysanthemen, Viktor eine Flasche Tvishi und Soja eine Schachtel Schokoküsse sowie für Sohnemann Garik die lange versprochenen Britischen Kolonien.

Am Anfang war alles prima: Man trank und aß von den Vorspeisen auf dem Tisch, unterhielt sich und lachte. Onkel Viktor erzählte einen Witz nach dem anderen, wobei er Garik hin und wieder nötigte, sich die Ohren zuzuhalten. Sergej Bobrow hatte zu berichten, dass er seine neue Stelle im Amt für Kernforschung auf der Nowokusnezkaja angetreten habe, dort brauche man für jede Etage einen extra Ausweis. Frau Bobrowa und Frau Frajerman diskutierten angeregt über das Satire-Theater. Soja erheiterte die Runde mit dem ausführlichen Bericht über den jüngsten Einsatz in der Kartoffelernte mit der ganzen Fakultät. Herr Semjonow kannte sich mit dem Zweiten Weltkrieg aus und fragte Garik ab, wer wann wo mit wem und gegen wen gekämpft hatte, während seine Frau sich zum x-ten Mal das Saziwi-Rezept auf ihre Serviette schrieb, was die schwerhörige Oma Bobrowa zum Brüllen brachte.

Vor dem Zander ging Frau Frajerman austreten; als sie wiederkam, verharrte sie hinter der Gastgeberin, neigte sich an ihr Ohr und raunte: »Meine Beste, auf der Toilette fehlt das Papier.«

»Das können Sie laut sagen«, erwiderte Frau Bobrowa mit einem Lächeln.

»Wie meinen?«, fragte Frau Frajerman verdutzt und richtete sich auf.

»Wie ich es sage. Das können alle hören: dass bei uns auf dem Klo kein Klopapier ist.«

»Ist mir auch schon aufgefallen!«, rief Herr Semjonow und lachte.

»Mir auch!«, verkündete Herr Frajerman und hob triumphierend die Gabel mit dem aufgepflanzten Champignon.

»Und mir erst!« Soja, Sauerkohl kauend.

»Und was machen wir da?« Frau Frajerman hob theatralisch die Arme.

»Na, nichts«, sagte Frau Bobrowa und lächelte.

»Aber Lidotschka! Nichts, was soll das heißen?«

»Da gibt es nichts zu tun.«

»Na, man könnte ja vielleicht ... eine Rolle anhängen?«, schlug Herr Frajerman vor und rückte seine Hornbrille zurecht.

»Wir haben keins«, verkündete Frau Bobrowa.

Die Semjonows wechselten schweigend einen Blick. Soja kicherte leise vor sich hin. Frau Frajerman ließ sich auf ihren Stuhl fallen.

»Lidotschka«, sagte sie, »wenn mir die Sache mal zufällig ausgeht, nehme ich gewöhnliche Servietten, schneide sie einmal durch und hänge sie anstelle von Toilettenpapier an.«

Frau Bobrowa nippte vom Wein, tat sich eine Kelle Rote-Bete-Salat auf.

»Aber Shenja«, sprach sie. »Mit Servietten wischt man sich den Mund ab.«

Allgemeines Gelächter.

»Na-a-a-ah ...«, machte Frau Frajerman, und ihre geschwungenen schwarzen Brauen schnellten in die Höhe, »wenn das so ist, dann vielleicht Zeitungspapier? Ihr habt doch bestimmt eine Zeitung abonniert? Die Abendzeitung eignet sich sehr gut dafür!«

»Zeitungen sind zum Lesen da«, erwiderte Frau Bobrowa.

»Sehr richtig!«, sekundierte Herr Bobrow, der gerade eine Herrenrunde Starka ausschenkte. »Außerdem kann das Blei einem schaden.«

Erneute Heiterkeit.

Frau Frajerman lachte herzlich mit allen mit, aber dann legte sie mit versierter Geste die Wange in die auf den Tisch gestützte Hand und sprach in bedeutungsschwangerem Ton:

»Das mag alles richtig sein, meine lieben Bobrows. Aber eine Frage hätte ich noch, eine ganz kleine Frage.«

Sie spitzte die prallen, geschminkten Lippen, verengte die ausdrucksvollen schwarzen Augen zu einem Spalt und sprach leise: »Womit wische ich mir den Po?«

Alles grölte, mit Ausnahme der Bobrows. Als der Lärm verebbt war, kam von ihr die Antwort.

»Mit gar nichts.«

»Mit gar nichts geht nicht, meine Liebe.«

»Dann nehmen Sie halt den Finger.«

»Ja, warum nicht den Finger«, sagte Herr Bobrow und bekräftigte es mit einem Nicken seines kurz geschorenen Kopfes.

Die Gäste blickten einander an und lächelten betreten. Frau Frajerman fixierte die Bobrows mit strengem Blick und schluckte. Dann sprach sie:

»Meine lieben Bobrows, es kann ja sein, dass Sie das so machen, sich den Po mit dem Finger abwischen. Das ist Ihr volles Recht! Aber ich ziehe es wie alle zivilisierten Menschen vor, Papier zu verwenden. Denn nicht nur die Sauberkeit des Pos, auch die der Finger liegt mir am Herzen.«

Frau Bobrowa kaute gemächlich an ihrem Salat.

»Bilden Sie sich nur nicht zu viel auf Ihre Sauberkeit ein, Shenja.«

»Es geht mir eher um den Anstand, Lidija.«

»Auch darauf kann man sich etwas einbilden.«

»Sie laden mich also ein, Ihrem Verein der Po-mit-dem-Finger-Wischer beizutreten? Da mach ich nicht mit!«

Neues Gelächter in der Runde, nur die Bobrows blieben ernst.

»Das sollten Sie aber«, sprach Frau Bobrowa und aß ungerührt weiter.

»Wir sind in guter Gesellschaft. Prost!« Bobrow, das Starkaglas in der erhobenen Hand. »Nur zu empfehlen!«

»Kommt nicht infrage.« Frau Frajerman nahm vom Heringssalat.

»Kommt nicht infra-a-a-ge!«, echote Herr Frajerman, an einem Schinkenstück säbelnd.

»Schö-ön blö-ö-öd!«, flötete die Bobrowa.

»Selber blö-ö-ö-öd!«, krähte Frau Frajerman und hob das Glas. »Auf unsere geliebten Blö-ö-ödis!«

Man lachte, stieß an und trank. Dann wurde schweigend gegessen. Bis die Bobrowa, gerade fertig mit ihrem Salat, auflachte, als fiele ihr etwas Lustiges ein, und mit einem herausfordernden Blick in die Runde sprach:

»Nein, wirklich! Mit der Sauberkeit des eigenen Polochs zu protzen! Das ist mir ja noch nie begegnet.«

»Die reinste Verstiegenheit«, bestätigte Herr Bobrow kopfschüttelnd und grinste.

Frau Frajerman ließ sich vom Essen nicht abhalten. »Wisst ihr, das langweilt nun schon, meine Lieben. Genug gealbert. Ihr habt kein Klopapier im Haus, das wissen wir nun. Muss ja nicht sein! Jeder nach seinem Gusto. Bitte um Themenwechsel, Freunde!«

»Gibt wahrlich interessantere Dinge zu besprechen!«, bekräftigte Herr Frajerman und langte nun ebenfalls beim Heringssalat zu.

Frau Bobrowa schien es zu überhören. »Ich sage nur: Wer mit der Sauberkeit des eigenen Polochs protzt, der hat was zu verbergen.«

»Hundertprozentig!«, stimmte Herr Bobrow zu.

»Was könnte das sein?«, erkundigte sich Herr Semjonow.

»Na zum Beispiel, dass er das dreckigste Poloch von allen hat. So ist es doch meistens!«, versetzte die Bobrowa mit dem Aplomb einer Staatsanwältin, und ihre graugrünen Äuglein huschten munter von einem zum anderen.

»Na schön, Lidotschka.« Frau Frajerman wischte sich den Mund mit der Serviette und stand auf. »Sie haben es nicht anders gewollt.«

Nach diesen Worten stieß sie ihren Stuhl geräuschvoll nach hinten, drehte sich um, hob mit einem Ruck ihren karierten Wollrock, dessen Innenseite mit grünsilberner Seide gefüttert war, streifte die grauen Wollunterhosen ab, sodann die Strumpfhose. Darunter trug sie einen engen Slip aus schwarzer Spitze. Frau Frajerman fuhr energisch mit beiden Daumen unter den Gummi und riss ihn nach unten, dass es knallte. Den Rock gerafft haltend, trat sie einen Schritt zurück Richtung Tisch, platzierte ihr breites Gesäß beinahe auf den Tellern, ergriff beide Pohälften, zog sie auseinander und beugte sich tiefer.

»Überzeugen Sie sich!«

Alles starrte auf den blanken Hintern. Groß war er und weiß, mit sieben Pickeln. Die Finger mit den korallenrot lackierten Nägeln und drei Goldringen zerrten die Gesäßbacken auseinander und legten den Anus frei, der von ein paar spärlichen schwarzen Härchen umrahmt war. In dem ansonsten blitzsauberen Loch schimmerte ein lila Hämorrhoidenknoten.

Ein langer Augenblick verstrich, in dem es vollkommen still war.

Dann richtete Frau Frajerman sich wieder auf, zog unter Zuhilfenahme der prallen Schenkel den Slip nach oben, darüber die Strumpfhose, die Unterhose, ließ den Rockschoß fallen und richtete ihn, wandte sich um, zog den Stuhl heran und nahm wieder Platz.

»Überzeugt?«, sprach sie, sich zurücklehnend. Ihre Wangen hatten sich leicht gerötet.

Die Anwesenden, stumm noch, lösten sich aus ihrer Starre. Oma Bobrowa saß da mit offenem Mund.

»Damit, so will ich hoffen, wäre das Thema Posauberkeit ein für alle Mal abgehakt, Lidotschka. Darauf herumzureiten, steht Ihnen nicht zu.«

Nach diesen Worten leerte Frau Frajerman zügig ihr Glas. Man sah, dass die Hand, die es hielt, zitterte.

»Wieso?«, fragte die Bobrowa ungerührt zurück. Auch ihr war eine zarte Röte ins Gesicht gestiegen.

»Weil in dieser Frage der Finger das Papier so wenig ersetzen kann wie der Zimmermann den Tischler, um mit den Worten meines hochverehrten Großvaters zu sprechen.«

Erleichtert lächelten die Gäste einander zu. Onkel Viktor griff sich ans Herz und atmete hörbar auf. »Also wisst ihr, Leute ...«

»Diese Frauen, was?« Semjonow, kopfschüttelnd.

»Jewgenija Leonidowna!«, stieß Soja verzückt, mit einem Rest von Entgeisterung hervor. »Das nenne ich ein Argument! Dem lässt sich nichts entgegnen! Ein echter Trumpf!«

»Kreuz As!« Frajerman, mit einem kurzen Nicken seiner Brille.

»Schlägt alles!« Soja, mit frohem Lachen.

»Alles nun gerade nicht.« Die Bobrowa hatte sich erhoben, trat einen Schritt zurück vom Tisch und drehte sich um. Ihren engen Rock bekam sie nur mit Mühe gerafft. »Da gibt es noch den Joker.«

Und wieder erstarrte die Tischrunde.

Unter dem Rock kam die Strumpfhose zum Vorschein. Durchschimmernd ein rosa Slip. Frau Bobrowa zog die Strumpfhose nach unten, dann seelenruhig den Slip hinterher, beugte sich nach vorn und packte die Gesäßbacken mit unlackierten Fingernägeln auf die nämliche Weise, zog sie breit. Bobrowas Hintern war deutlich schmaler, mit glatter, gebräunter Haut, pickelfrei. Makelloser Anus in bräunlichem Rosé.

Alle schauten schweigend hin.

»Genügt das?«, fragte Frau Bobrowa.

»Absolut!« Frau Frajermans Kopf zuckte so heftig, dass die himmelblauen Topase an ihren Ohren aufblitzten.

Kaum hatte die Bobrowa sich wieder aufgerichtet und in Ordnung gebracht, ging die Frajerman zu ihr hinüber und umarmte sie.

»Die Wahrheit liegt in der Mitte, nicht wahr? Frieden?«

»Friede, Freude, Eierkuchen!«, sagte Frau Bobrowa und lächelte.

»Friede! Hurra!« Onkel Viktor hob das Glas.

»Einigt euch friedlich, sonst einigen wir euch mit Gewalt!«, rief Herr Semjonow.

»Wir streiten ja gar nicht«, sagte die Bobrowa und sank auf ihren Stuhl.

»Wir debattieren bloß«, Frau Frajerman erhob ihr Glas.

»Von solchen Debatten kann man einen Herzschlag kriegen«, brach Frau Semjonowa ihr Schweigen und griff nach ihrem Glas. »Hab ich recht, Marija Umarowna?«

Oma Bobrowa riss Mund und Augen auf. »Wie?«

»Ich sage, die sind ja völlig plemplem!«, brüllte Frau Semjonowa ihr ins Ohr.

»Jaja!« Die alte Frau winkte ab und lachte. »Die Hallodris!«

»Auf unsere bezaubernden Hallodris!« Herr Frajerman streckte sein Glas über den Tisch.

»Sie leben hoch!«, rief Onkel Viktor.

»Allzeit und ewig!« Herr Semjonow stieß mit Frau Bobrowa an.

»Immer und überall!«, lachte Frau Frajerman.

»Hurra!«, rief Soja.

Alles stieß an und trank. Semjonow stellte das geleerte Glas auf dem Tisch ab und angelte mit der Gabel ein Stück Saziwi, führte es zum Mund, doch auf einmal hielt er inne.

»Ist was?«, fragte seine Frau.

Reglos saß Semjonow da, die Gabel mit dem Bissen vor dem Mund. Und plötzlich brach ein Lachen aus ihm hervor. Sein Schnurrbart, die entenschnäblige Nase, die dichten Brauen, alles verzog sich zu einer Grimasse. Sein Kopf bebte vor Lachen, er schmiss die Gabel hin, ballte die Fäuste, stemmte sie gegen den Tisch.

»Serjosha!«, murmelte Frau Semjonowa vorwurfsvoll.

Die Augen zusammengekniffen, lachte Semjonow ein feines, schnelles Lachen, seine Entennase wippte im Takt. Die anderen, mit Essen beschäftigt, sahen immer wieder zu ihm hin, warteten darauf, dass er sich endlich wieder einkriegte. Aber das dauerte. Ein böser kleiner Lachgeist schien sich in ihm einquartiert zu haben. Semjonow stöhnte, krächzte, presste durch die zusammengebissenen Zähne ein »Hi-hi-hi!« hervor, brachte mit dem Klopfen seiner Fäuste das Geschirr auf dem Tisch zum Klingen, schüttelte immer wieder den Kopf, trampelte unter dem Tisch mit den Füßen, kam kurz zur Ruhe, bis eine neue Lachkaskade losbrach.

»Serjosha!«, mahnte seine Frau und gab ihm einen Klaps auf den Arm.

Am Ende, als ihm die Kraft zu lachen ausging, ergriff er die Serviette und presste sie sich gegen das Gesicht.

»Oi, ich kann nicht mehr«, stöhnte er, wischte sich die feuchten Augen und schniefte. »Mir ist da was eingefallen ...«

»Das war nicht zu übersehen«, nickte Frau Frajerman.

»Uff ... ja«, japste er, war aber nun schon wieder normaler Rede fähig. »Bei uns im Institut auf der Herrentoilette gab es eine Inschrift: ›Wer sich mit Fingern wischt den Arsch, dem bläst Europa bald den Marsch!‹«

Betretenes Lächeln in der Runde.

»Heute mal lieber jugendfrei«, sprach Frau Bobrowa.

»Ja, nein, ich meinte den Po!«, korrigierte sich Herr Semjonow. »Also, Lydija Pawlowna, ich glaube, wenn mir diese Volksweisheit früher in den Sinn gekommen wäre, dann hätten Shenja und Sie sich Ihre Vorführung sparen können, nicht wahr?«

Die Frajermans lachten, Soja und Onkel Viktor ebenso.

»Schnee von gestern«, kommentierte die Bobrowa kühl und stand auf. »Ich bringe jetzt den Zander. Esst eure Teller leer, Freunde!«

Sie begab sich in die Küche, die Großmutter eilig hinterher.

»Den Zander, wie schön!«, sprach Frau Frajerman und schüttelte ihre Locken.

»Zar Alexander liebte Zander«, reimte Onkel Viktor.

»Über diesen Zander im Blätterteig Gedichte zu schreiben, wäre längst an der Zeit«, drohte Herr Frajerman mit erhobenem Messer.

»Aber die Klos in deinem Institut waren dreckig, Serjosha«, sagte Bobrow.

»Das stimmt nicht!«, rief Semjonow und schüttelte den Kopf.

Alle lachten und machten sich über die restlichen Vorspeisen her.

»Wenigstens weiß ich jetzt, was der Unterschied zwischen Po und Arsch ist«, wagte Garik sich hervor.

»Aha. Und der wäre?«, fragte Soja.

»Ein Po ist sauberer als ein Arsch.«

Die Gäste lächelten.

»Meine Ma hat einen Po«, fuhr Garik fort.

»Und ich?«, fragte Frau Frajerman, ihre Brauen gingen in die Höhe.

»Das ... weiß ich nicht«, sagte Garik mit schiefem Grinsen und hob die mageren Schultern.

»Heraus mit der Sprache, Junge!« Eindringlich sah Frau Frajerman dem Kind in die Augen.

Garik räusperte sich, schaute weg.

»Junger Mann?«, insistierte Frau Frajerman.

Garik schwieg.

Herr Frajerman streckte den Arm quer über den Tisch, stieß mit der Faust leicht gegen Gariks Schulter.

»Was ferkelst du hier herum, sag mal?«

»Tue ich doch gar nicht.«

»Du gehst in die siebte Klasse, nicht wahr?«

»Warum?«

»Warum ist die Banane krumm. Jedenfalls nicht mehr in die dritte?«

»Nein.«

»Und du bist doch kein dummer Junge, oder?«

Mürrisch schaute Garik unter seinen Wimpern hervor.

»Ich hab doch gar nichts ...«

»Und ob du hast! Wer mit erwachsenen Leuten am Tisch sitzen will, muss sich erwachsen zu benehmen wissen, nicht wie eine Rotznase. Und einstehen für das, was er sagt.«

Garik brummelte etwas vor sich hin. Herr Bobrow kaute und schluckte den Schinken, dann sprach er: »An diesem Tisch werden keine Kinder geschlagen, das schon mal als Erstes.«

»Für solche Äußerungen, mein lieber Sergej Sergejewitsch, gehörte ihm eine ordentliche Backpfeife gegeben.«

»Kinder schlagen, das können Sie bei sich zu Hause tun.«

»Das habe ich zum Glück nicht nötig. Meine beiden Söhne sind wohlerzogen.«

»Lassen Sie sich an denen aus.«

»Und Sie sollten Ihrem Früchtchen Manieren beibringen, mein Lieber. Solange es nicht zu spät ist.«

»Was sagen wir denn dazu, junger Mann?« Frau Frajerman beugte sich, den Kopf zur Seite geneigt, nach vorn, versuchte, Garik in die Augen zu sehen. Der schaute angestrengt weg.

»Wird's bald?«, fragte Frau Frajerman scharf.

»Tä-rä!«, rief Frau Bobrowa, die mit einer Porzellanplatte in der Tür stand. »Macht schnell Platz auf dem Tisch!«

Soja, Onkel Viktor und Frau Semjonow räumten eilfertig Geschirr zur Seite.

»Voilà!« Die Bobrowa stellte die schwer mit Pastetenstücken beladene Platte in der Tischmitte ab.

»Wow! Hast du noch Worte!«, brummte Onkel Viktor.

»Sieht das toll aus«, jubelte Soja.

»Mama!«, rief Frau Bobrowa, in ihren Stuhl sinkend, Richtung Küche, »vergiss die Tortenschaufel nicht!«

»Lydija Pawlowna, Sie haben sich wieder mal selbst übertroffen«, sagte Frau Semjonowa.

»Nicht ohne die Hilfe meines Mütterchens. Mama-a-a! Die To-ortenscha-aufel!«

Die Oma kehrte zurück mit der neusilbernen Schaufel in der Hand.

»Zum Zander geht nur dagestanischer Kognak!«, verlangte Onkel Viktor.

»Sehr zum Wohl«, sagte Herr Bobrow und füllte ihm das Glas.

»Mir Wein«, wünschte sich Soja.

»Mir auch«, sagte Frau Bobrowa, während sie die Blätterteigstücke auf die Teller austeilte.

»Mir auch!«, wurde Frau Semjonowa munter.

»Mir einen Starotschka!«, bestellte Herr Semjonow und blinzelte.

Als alle Gläser gefüllt waren, erhob Herr Bobrow das seine:

»Und jetzt einmal mehr – auf meine Frau!«

»Mit Verlaub, Sergej Sergejewitsch«, unterbrach ihn Frau Frajerman, »ich trinke mit Freuden auf Ihre Frau, aber vorher hätte ich doch gerne noch eine Antwort von Ihrem Sohn bekommen.«

Frau Bobrowa, den Blick auf Garik: »Nanu, was ist los?«

»In Ihrer Abwesenheit hat er sich mir gegenüber eine Taktlosigkeit erlaubt.«

»Taktlosigkeit ist untertrieben, eine Ferkelei war das!«, korrigierte Herr Frajerman.

»Garik, was war das?«, fragte Frau Bobrowa ihren Sohn.

»Nichts«, erwiderte Garik, beiseiteblickend, und nagte missmutig an der Unterlippe.

»Was für eine Taktlosigkeit?«

»Lidchen, es ging wieder mal um Arsch und Po«, informierte Herr Bobrow, das Wodkaglas in der Schwebe haltend.

Frau Bobrowa blies unzufrieden die Backen auf. »Immer noch die alte Leier? Wir hatten das Thema doch abgeschlossen? Shenja, ist es nicht vielleicht genug?«

»Leider nein, Lidotschka, es kann gar nicht genug sein«, äußerte Frau Frajerman mit bissigem Lachen.

»Hören Sie, Shenja, man darf aus einer Mücke keinen Elefanten machen«, sprach Herr Bobrow, die Stirn gefurcht. »Auf meine Frau, Freunde!«

»Nein!!« Mit Schwung knallte Frau Frajerman ihre massige Faust auf den Tisch.

Es wurde totenstill.

»Eine Antwort, junger Mann, aber flott!«

»Ich weiß nicht ... was Sie wollen«, sagte Garik achselzuckend.

»Bei Ihrer werten Frau Mutter heißt der Hintern Po. Sie hat einen Po. Man kann auch Popo sagen. Und ich, was habe ich?«

Beide Hände auf den Tisch gestützt, starrte Frau Frajerman Garik an. Der hob die hasserfüllten Augen und starrte auf den Kronleuchter.

»Was habe ich? He, junger Mann? Was habe ich, bitte schön?«

Garik saß da, sein Blick verfinsterte sich immer mehr.

»Ich hö-re nichts, jun-ger Mann?«

In Gariks Gesicht stieg die heillose Wut. Zugleich schien es, als würde er jeden Moment losheulen.

»Hallo-o-o, junger Freund??«

Noch einen Moment saß der Junge schweigend, dann riss er mit einem Ruck den Kopf herum, sah ihr kalt in die Augen und sprach mit Ingrimm, laut und vernehmlich:

»Einen Scheißarsch.«

Den Anwesenden verschlug es die Sprache. Frau Frajerman klappte die Kinnlade herab.

Ihr Mann richtete sich auf.

»Pass mal auf, du Rotzer. Dich schmeiß ich gleich aus dem Fenster.«

»Unterstehen Sie sich«, sagte Herr Bobrow, das Glas immer noch in der Schwebe.

Herr Frajerman erhob sich und kippte seinen Kognak in Gariks Gesicht.

Der zuckte erst nur und japste, bevor er aufjaulte, das Gesicht schmerzlich verziehend – der Kognak war ihm ins Auge geraten.

Blitzartig stellte Herr Bobrow sein Glas auf dem Tisch ab und verpasste Herrn Frajerman eine heftige Ohrfeige. Davon flog dem die Hornbrille aus dem Gesicht und landete mit einem Bügel im Rote-Bete-Salat.

»Na. Das ist ja wohl. Die Höhe!!« Frau Frajerman griff nach der halb vollen Flasche Twishi, holte linkisch aus, dass die Locken ihr um den Kopf flogen, und schleuderte sie mit voller Wucht auf Bobrow. Dem gelang es gerade noch auszuweichen; die Flasche streifte sein Ohr und krachte gegen das Vertiko, durch die berstende Scheibe, ins gute Teeservice.

»Ich ... glaub ...« Frau Bobrowa brachte den Satz nicht zu Ende, stand wie versteinert, mit offenem Mund.

Bobrow griff sich ans Ohr.

»Leute, jetzt ist es aber mal gut!« Onkel Viktor kämpfte sich aus dem Stuhl.

Fauchend schnappte sich Herr Frajerman den nächststehenden Kristallnapf mit dem Meerrettich und schlug ihn nicht sehr gewandt, aber mit Schmackes Herrn Bobrow von oben auf den Kopf, der Meerrettich spritzte. Herr Bobrow zuckte und kippte mit dem Stuhl nach hinten, vermochte sich aber noch mit der freien Hand in den Arm der neben ihm sitzenden Frau Semjonowa zu krallen. So krachten beide mitsamt ihren Stühlen zu Boden, Semjonowas Kopf knallte gegen die Ecke des Fernsehers, sie schrie auf.

»Was fällt dir ein, he?«, rief Herr Semjonow, langte über den Tisch, packte Herrn Frajerman beim Arm, riss ihn zu sich herüber.

Herr Frajerman fiel bäuchlings auf den Tisch, Geschirr unter sich begrabend, sein Gesicht klatschte in den Rote-Bete-Salat, wo seine Brille bereits war. Sie knackte.

»Schluss jetzt, Leute!« Onkel Viktor stieß den Stuhl nach hinten, tat einen Schritt auf die Gestürzten zu.

»Papa!«, brüllte Garik und wollte seinem am Boden liegenden Vater zu Hilfe eilen, blieb aber mit dem Fuß an Herrn Semjonows Stuhl hängen, sodass er gleichfalls stürzte und sich dabei heftig den Arm an der Tischkante prellte.

Die Oma fing durchdringend zu schreien an.

»Sagt mal, habt ihr sie noch alle?«, fragte Soja verdattert und riss die dünnen Arme in die Höhe, als ließe sich so verhindern, dass das Geschehen seinen Fortgang nahm.

Herr Bobrow stand schnell wieder auf den Füßen. Das Gesicht von Schmerz und Wut verzerrt, aus dem lädierten Ohr rann Blut auf sein Hemd. Er holte aus und hieb Herrn Frajerman, der sich noch auf dem Tisch herumsielte, die Faust gegen den kahlen Kopf.

»Stopp! Stopp!« Onkel Viktor, nicht sehr groß, schlang Herrn Bobrow von hinten die Arme um den Bauch.

»Wie kannst du es wagen!«, brüllte Frau Frajerman gellend und krallte ihre korallenroten Nägel in Herrn Bobrows Hals.

Der stieß sie mit dem Ellbogen zur Seite, während er weiter auf Frajermans Kopf und Rücken einschlug. Vergeblich mühte sich Onkel Viktor, ihn davon abzuhalten.

»Nun hör schon auf! Sergej!«

Derweil stürzte Herr Semjonow zu seiner Frau, die sich stöhnend den Kopf hielt, versuchte, sie aufzurichten. Dabei wurde er von Herrn Bobrow, der Herrn

Frajerman verprügelte, schmerzhaft mit dem Absatz im Rückgrat getroffen. Ächzend fuhr er herum, nahm die Fäuste hoch und versetzte Herrn Bobrow eine Reihe schneller Nierenschläge.

»Stopp, hab ich gesagt!« Beim Versuch, die schweren Fäuste Herrn Semjonows abzufangen, bekam Onkel Viktor einen Kinnhaken ab, der ihn auf den Teppich warf.

»Geht's noch?«, brüllte Frau Bobrowa, aus ihrer Versenkung fahrend, ergriff die Schüssel mit dem Pilzragout und schleuderte sie Herrn Semjonow ins Gesicht.

»Du ... du ...«, zischte Herr Semjonow und ließ erst recht Fausthiebe gegen Herrn Bobrow hageln.

»Pass auf!« Herr Bobrow packte Frau Frajermans Arm, mit dem sie fest an seiner Gurgel hing, riss sie zu sich heran, und Frau Frajermans Gesicht flog in die bereitgehaltene Faust.

Davon kippte ihr der Kopf ins Genick, ihre dicken Knie wurden weich, und sie sackte schwer erst auf die Knie, dann mit dem Kopf nach vorn, Frau Bobrowa in den Schoß.

»Bäh!« Frau Bobrowa stieß sie mit dem Knie von sich. »Luder!«

Frau Frajermans Hände suchten ziellos nach Halt. Sie fiel auf den Teppich.

Die Oma schrie nicht mehr, wimmerte nur noch, rutschte langsam vom Stuhl, ihre Hand wischte kraftlos durch die Luft. Herr Bobrow und Herr Semjonow prügelten aufeinander ein, Frau Semjonowa wollte sie trennen und hatte Pech, dass ihr Gemahl sie mit dem Ellbogen ins Auge traf; glucksend prallte sie zurück, fiel aufs Gesäß. Herr Bobrow landete einen Treffer auf Herrn Semjonows Nasenwurzel, worauf dieser mit einem dumpfen Laut k. o. ging, sein Kopf schlug dröhnend gegen das Tischbein.

Herr Frajerman, nachdem es ihm gelungen war, sich eine Spanne vom Tisch zu erheben, ergriff knurrend ein Messer vom Tischbesteck und fuchtelte wild damit herum, offenbar in der Absicht, Herrn Bobrow damit zu treffen. Bobrows Gesicht war blutverschmiert, auch aus seinem Ohr troff es immer noch aufs Hemd.

»Hören Sie auf, hören Sie? So hören Sie doch!«, sprach die verschreckte Soja ein ums andere Mal, mit ausgebreiteten Händen am Tisch sitzend.

Frau Bobrowa, mit einem Blick auf ihren blutenden Mann, bebte vor Wut: »Das war sie ... das Biest!!«

Mit fliegenden Händen griff sie nach der schweren Kristallschüssel, Salat Olivier, hob sie über ihren Kopf und ließ sie mit Triumphgeheul auf den Kopf der zu ihren Füßen zappelnden Frau Frajerman niedergehen. Die Schüssel zerbarst, Salat spritzte nach allen Seiten. Frau Frajerman hörte auf zu zappeln.

Garik warf sich von hinten auf den chaotisch mit dem Messer vor Herrn Bobrow herumfuchtelnden Herrn Frajerman, der Stoß führte dazu, dass das Messer Herrn Bobrows Arm schlitzte. Herr Bobrow brüllte auf und wollte draufloshauen, besann sich jedoch und packte, tückisch auflachend, Herrn Frajermans Hand mit dem Messer.

»Das könnte dir so passen! ... Garik, dich hat er doch aus dem Fenster schmeißen wollen! Komm und hilf mir!«

Gemeinsam gingen sie nun vor, schnappten sich Herrn Frajerman, auch Frau Bobrowa eilte herzu und fasste ihn beim anderen Arm.

»Los! Mach schon!«, fauchte sie, denn ihr schwante, was ihres Mannes Absicht war.

»Na dann, ab durch die Mitte«, fauchte Herr Bobrow und zerrte Herrn Frajerman zur Balkontür.

»Stopp, ihr Idioten, was habt ihr vor?«, sprang der salatbekleckerte Onkel Viktor um sie herum.

Herr Frajerman machte Anstalten, sich aufzurichten und loszureißen, doch sein Schuh, die quadratische Spitze, glitt aus im Salat. Herr Bobrow umfasste ihn von hinten, hob ihn hoch unter inbrünstigem Stöhnen, trug ihn vor sich her.

Garik und die Gemahlin eilten zu Hilfe. Frau Bobrowa zerrte die Gardine beiseite, riss sie dabei halb von der Stange, öffnete fahrig die Balkontür. Garik half ihr. Zu dritt suchten sie Herrn Frajerman auf den Balkon zu bugsieren.

»Ich bring euch ... hinter Gitter!«, fauchte Herr Frajerman mit blutigem Mund, fieberhaft nach allem greifend, was sich bot, Türfüllung, Tüll oder Mensch.

Familie Bobrow beförderte Herrn Frajerman aus dem Wohnzimmer auf den Balkon. Er sträubte sich, schlug aus, brüllte, fluchte, drohte und schimpfte, blutiger Geifer troff ihm aus dem Mund, schlug Blasen. Als sie schließlich alle vier auf dem Balkon waren, packte Herr Bobrow Herrn Frajerman blitzschnell bei den Beinen und schleuderte sie über die metallene Brüstung. Frau Bobrowa, muhend vor Zorn, riss sich Frajermans Hand vom Rock. Garik schlug ihm auf die Glatze, stieß ihn in den Rücken. Vereint brachten sie es fertig, Herrn Frajermans schlaksigen Körper über die Brüstung zu wälzen. Aufheulend stürzte er ab, doch war seine Linke immer noch in die Gardine verkrallt, an der hing er nun, baumelte in der herbstlich kühlen Abendluft. Man hörte es krachen, der Tüll riss zusehends entzwei, drinnen knackte es in der Gardinenleiste. Herr Frajerman bekam mit der rechten Hand die Brüstung zu fassen, ließ die Gardine fahren und fasste auch mit der Linken zu, hing nun beidhändig, versuchte einen Klimmzug. Herr Bobrow aber, nicht faul, warf unter Ächzen ein Bein über die Brüstung und begann, mit der blau-braun bestrumpften Ferse auf Herrn Frajermans Kahlkopf einzutreten.

»Da. Hast. Du's. Du. Sau.«

Frau und Sohn leisteten Hilfestellung – umklammerten Herrn Bobrows Schultern, krallten sich ins blutige Hemd. Herrn Frajermans Kopf zuckte unter jedem Fersentritt, touchierte den Balkonrand wie eine riesige Billardkugel.

»So. Du. Scheusal! So! So!!« Herr Bobrow trat zu mit letzter Kraft.

Herr Frajerman grunzte und winselte, zappelte mit den Beinen in der Luft.

»So! So! So! So-o-o-o!!«

Endlich lösten sich Frajermans Finger von der Brüstung, und er flog mit elendem Schrei zehn Stockwerke tief hinab. Die Bobrows standen wie erstarrt und sahen dem Flug zu. Der Körper überschlug sich mehrfach in der Luft, ehe er krachend auf einem vor dem Eingang geparkten Auto niederging. Der Aufschlag hallte durch die Straße. Die Scheiben des Autos gingen zu Bruch, splitterten auf das Pflaster. Zwei junge Frauen mit Kinderwagen schrien auf. Verstummten kurz. Dann neuerliches Gebrüll.

Die Bobrows sahen nach unten. Der Körper lag auf dem Autodach. Er lag im Lichtkegel einer Straßenlaterne und war gut zu sehen. Herr Frajerman trug einen kaffeebraunen Anzug. Ein Schuh war ihm vom Fuß geflogen.

Ernüchtert atmete Herr Bobrow aus. Wollte sein Bein zurück auf den Balkon ziehen, hatte nicht die Kraft dazu. Seine Angehörigen halfen ihm.

»Ich schmeiß dich aus dem Fenster, hat er gesagt. Aus dem Fenster ...« Vor sich hin murmelnd, schleppte Herr Bobrow sich vom Balkon ins Zimmer, fiel dort auf alle viere. Kotzte auf den Teppich.

»Papa ... Papa ...« Garik kauerte sich neben ihn.

Frau Bobrowa stürzte zu ihrer Mutter, die, gegen die Wand gelehnt, am Boden saß. Ihr Blick war verstört, der Mund offen, ein schwaches, abgehacktes Stöhnen drang daraus hervor.

»Mamotschka ... Mama ...« Frau Bobrowa legte den Arm um sie, zog sie an ihre Brust.

Während auf dem Balkon gekämpft wurde, hatten Soja und das Ehepaar Semjonow das Weite gesucht. Onkel Viktor ruhte in Seitenlage am Boden, seine blutigen Lippen brabbelten noch: »Aufhören, aufhören, ihr seid doch nicht gescheit ...« Die Wohnungstür stand einen Spalt offen. Mit der Mutter im Arm ließ Frau Bobrowa den Blick durch das Zimmer gehen, sah die herabhängende Gardinenstange, das kaputt geschlagene Vertiko, den Teppich mit den Scherben, dem Erbrochenen, die umgestürzten Stühle. Neben dem Tisch lag Frau Frajerman auf dem Bauch und gab keinen Laut von sich. Um ihr Gesäß herum war der Teppich feucht.

Frau Bobrowa verzog den Mund.

»Der Teppich versaut«, stieß sie hervor und brach in Tränen aus. »Der Tepp...ich ...«

Herr Bobrow wischte sich mit der Hand über den Mund und blickte auf seine Frau. Kroch über den Teppich zu ihr hin.

»... ver...saut ...«, schluchzte Frau Bobrowa.

Herr Bobrow langte bei ihr an und umarmte sie. Auch er begann lautlos zu heulen. Sein blutverschmierter Kopf mit dem lädierten Ohr zuckte wie in Krämpfen.

»Pa...« Gariks Lippen krümmten sich, Tränen sprangen ihm aus den Augen. »Pa-a-a ...«

Familie Bobrow heulte.

Sie – leise winselnd, unentwegt kopfschüttelnd, den flehenden Blick zur Decke gerichtet, als wäre von dem tschechischen Kronleuchter etwas zu erhoffen. Er – von lautlosen Krämpfen geschüttelt, nur hin und wieder mit einem furchtbar tönenden Japsen durch Mund und Nase Luft einziehend. Garik plärrte wie ein kleiner Junge, auf dem Teppich sitzend, mit der flachen Hand auf den Boden klopfend. Die Großmutter saß unverändert an die Wand gelehnt und stöhnte leise. Onkel Viktor in Seitenlage brabbelte etwas.

Plötzlich sprang Garik auf. »Nein, Mama, nein!«, stieß er hervor und rannte aus dem Wohnzimmer in den Flur, durch die angelehnte Tür ins Treppenhaus und zügig die Treppe hinab. »Nein, nein!«, schluchzte er in einem fort. Zwischen zweitem und erstem Stock wischte er sich mit der Armbeuge das Gesicht. Neben dem Auto mit Herrn Frajermans Leiche gab es einen Menschenauflauf. Vom Prospekt her, hinter den Häusern, näherte sich eine Polizeisirene. Garik tauchte in den Schatten zwischen zwei Sechzehngeschossern und verharrte. Er war in Flanellhemd, Jeans und Pantoffeln. Um die Häuser blies ein kalter, feuchter Herbstwind.

»Nein«, murmelte Garik und lief weiter.

Er patschte durch die im Dunkeln unsichtbaren Pfützen, im Nu waren seine Pantoffeln durchnässt. Vorbei an einem Stück Rasen und dem Flachbau einer Wäscherei gelangte er auf die Hauptstraße und an die

Bushaltestelle. Eben fuhr ein Bus vor, die Türen gingen auf. Ohne zu zögern, stieg Garik ein, setzte sich auf einen Fensterplatz. Der Bus war so gut wie leer. Die Türen fielen zu, der Motor brummte auf, und der Bus fuhr los, den erleuchteten Prospekt entlang. Garik wandte den Blick aus dem Fenster, der Bus nahm ruckend Fahrt auf. Nun erst bemerkte Garik den Schmerz in der rechten Hand. Er rührte die Finger, knickte das Handgelenk. Der Schmerz wurde deutlicher. Er nahm seine rechte Hand in die linke, drückte sie gegen den Bauch und sah aus dem Fenster. Der Prospekt im diffusen Laternenlicht zog vorbei, eine Kette von Siebengeschossern, selten dazwischen einmal ein entlaubter Baum. Garik fuhr Bus, schwankend auf seinem Sitz, die Hand gegen das Flanellhemd gepresst, stumpf aus dem Fenster blickend. Der Bus bog nach links ab, fuhr wieder eine Weile geradeaus, dann wieder nach links, ein Stück die Uferpromenade entlang, dann auf einmal scharf rechts und war nun auf dem Gartenring; hier legte er einen Endspurt hin und fuhr kurz darauf am Pawelezki-Bahnhof vor, wo er zum Stehen kam. Die Fahrgäste verließen den Bus. Auch Garik stand auf und stieg aus.

Der Bahnhofsvorplatz war belebt. Es war kalt und windig. Garik stand eine Weile fröstelnd herum und ging auf den Bahnhof zu. Trat ein. Drinnen war es noch voller als auf dem Vorplatz. Ein Betrunkener stieß Garik an, der Schmerz in seiner rechten Hand flackerte auf. Er hielt sie mit der Linken, näherte sich den Fahrkartenschaltern. Es gab eine lange Schlange. Garik ging ans Ende. Dort standen zwei Frauen, die ihn argwöhnisch beäugten.

»Sagen Sie bitte«, sprach Garik sie an und verstummte.

Die Frauen blickten schweigend.

Auf einmal verspürte Garik eine bleierne Müdigkeit. Er wandte sich ab von den Schaltern, lief ziellos durch die Halle, stand plötzlich im großen Wartesaal. Hier saßen viele Leute vor ihrem Gepäck. Garik fand einen freien Platz und ließ sich in seiner Erschöpfung dort nieder. Ein scharfer Schmerz durchzuckte seine Hand. Er ergriff sie, legte sie sich auf die Knie. Nebenan saß eine Familie, Vater, Mutter, Kind: er dürr, hakennasig, in schwarzer Lederjacke, sie mit einem Säugling auf den Armen. Ein Koffer und ein Rucksack standen daneben. Die Mutter wiegte sanft ihr Kind. Der Vater balancierte ein fettiges Päckchen auf den Knien und kaute. Er schielte nach Garik, den nassen Pantoffeln. Zog die letzte Bulette aus dem Papier und biss hinein, seine muskulösen Wangen kauten kräftig. Er hatte pechschwarzes Haar, schräg rasierte Koteletten und vier goldene Schneidezähne im Mund. Er hielt die Bulette mit zwei knotigen, nikotingelben Fingern, den kleinen abgespreizt, dessen Nagel übermäßig lang und spitz gefeilt war.

Garik vergaß seine Müdigkeit und den Schmerz in der Hand. Gebannt starrte er auf diesen unglaublichen Fingernagel. Und plötzlich, überraschend für ihn selbst, sein Mund ging auf wie von allein, rief es aus Garik mit kräftiger, hoher, singender Stimme: »Aaagmaaaaa!«

Die Leute im Umkreis fuhren herum und starrten. Das Kind auf den Armen der Mutter war zusammengezuckt und fing mit dünner, klagender Greisenstimme zu greinen an.

»Wenn du hier rumbrüllst, mach ich dich platt«, sprach der Vater des Kindes zu Garik in sachlichem Ton und ließ seine eng stehenden, blutunterlaufenen Augen auf ihm ruhen.

Dabei malte sein Nagel eine liegende Acht in die Luft.

LILA SCHWÄNE

Novembermond, Krummsichel.
Den Hängebauchhimmel
Aufgeschlitzt.
Heraus quoll Schnee. Der erste. Stob nieder
Auf Mitternachtsmoskau: stieb-b-b-b …
Wind.
Wattebäusche.
Drei Drachen:
Gebraus,
Gestürm und
Gestöber.
»Hi-i-juwi-i-ju-uh …«,
Zischten sie.
Schneewüstenroller. Durch die Straßen,
Die entmenschten.
Schlafender Müll auf den Plätzen. Erstarrte Leichen.
In die erschrockenen Münder der Hausflure hinein:
»Da si-i-ind s-i-ie!«
Auf den Höfen:
Menschen,
Feuer.
Wispern.

»Achtundvierzig schwarze Kraniche sind aufgestiegen. Drei Runden um den Kreml und weg.«
»Unnu? Kacke am Dampfen.«
»Er ... hat sich verwandelt. In einen Kranich.«
»Schwarze Magie ...«
»Eingeschmiert mit afrikanischem Eiter.«
»Die ganze Korona.«
»Auf und davon.«
»Der Patriarch ist auch mit.«
»Winke-winke ...«
»Volldiehacke.«
»Eiter?!«
»Auf der Jakimanka haben sie einen Bischof am Spieß gedreht, den Speck ausgeschmolzen, draus Kerzen gegossen. Damit halten sie ne schwarze Messe ab.«
»Pssst ...«
»Die Tschetschenen und die Chinesen. Geheimvertrag! Frisch unterzeichnet mit russischem Blut.«
»Hundertpro. Kannstegiftnehm. Nawassolls.«
»Und die Dzierzynski-Division hat den Schwur geleistet.«
»Heute auf der Ostoshenka ist ein Hund mit zwei Köpfen gesehn worden.«
»Zwanzig Jahre abgezockt!«
»Abgez-zock-ckt-t!«
»Ausgelutscht.«
»Ausge-l-l-utsch-tscht.«
»Bissaufdieknochen.«
»Hat seinen Sinn gehabt damals, dass er mit den Kranichen geflogen ist.«
»Ichglaubsnich.«
»Wetten?«

»Topp!«

»Ein Satanist ...«

»Wassneverarsche.«

»Abersowasvon.«

»An! Ge! Schis! Sen!«

»Abgeschöpft.«

»Abgeschöpf-f-ft?«

»Klaro, abgesahnt in eine Weißgoldbüchse den schwarzen afrikanischen Eiter frische Tranche mittelzäh aufzubewahrn im Kühlschrank bei ≥ 5 ° Paracelsus so sie zur Plenarsitzung der Unterkellerkammer per grauer Mehrheit kund und zu wissen gaben als der Präsident letztmals die Fenster von Moskau intonierte und das Orchester des großen Hauses aber die parlamentarische Einreibung afrikanischen Eiters in die Rücken der Volksdeputierten und das Gesetz über den kriminominellen Abriss aller Heizkraftwerke und das intensive Wachstum der Kranichfedern wenn die schwarzen Flügel die Heimat nicht zu überfliegen wagen doch die weiche Familienpackung im superpanzerfesten Container garantiert ist und in vorderster Front fliegt das Präsidialamt und die neue Sicherheitselite wenn alle Luftabwehrverbände kurzfristig anzubohren sind um stillschweigend intelligente Würmer von edler, dankbarer Art zu infiltrieren und die Rohre der Abwehrkanonen des Zweiten Weltkriegs mit Blei auszugießen oder Drei oder Fier doch der Flug macht den Menschen frei wie der Serge den Brin

Jewgeni schlug die Augen auf. Der Hubschrauber war im Sinkflug.

Er gähnte herzhaft und setzte das Headset ab. »Schwarze Kraniche, na toll ...«

»Was sagten Sie, Jewgeni Borissowitsch?«, brüllte der Assistent durch den Propellerlärm und wollte sein Headset ebenfalls abnehmen. Jewgeni winkte ab.

»Träume, Schäume ...«

Er legte den Sicherheitsgurt an und hob die spitzen Schultern.

»Darf ich fortfahren?«, brüllte der Assistent, das Tablet vor sich auf den Knien. »Er hat in achtzehn Fällen Wasser zu Lampenöl verwandelt, und das so verlässlich, dass das Kloster daraus ein Geschäft gemacht hat. Drei Fälle zum Leben wiedererweckter Toter sind aktenkundig, auch die Frau mit dem Hirntumor, der heiße Tee für die Bruderschaft, davon hab ich Ihnen erzählt. Das hat in dem Kloster schon Routine. Tja! Was für uns noch von Belang ist: Vor siebeneinhalb Monaten hat ein Novize, der im weltlichen Leben Künstler gewesen war und eine Wand im Refraktorium ausmalen sollte, also der war beim Abendmahl abgelenkt und versäumte es, die Hostie zu sich zu nehmen. Und als es ihm einfiel und er es nachholen wollte, da war die Hostie zu Stein geworden.«

»Vertrocknet?«

»Nein, buchstäblich zu Stein. Der Form und dem Relief nach eine Hostie, aber plötzlich aus Stein. So hat der Starze ihn gestraft für seine profanen Ablenkungen.«

»Was genau für Stein? Granit? Marmor?«

»Keine Ahnung. Das Ding liegt beim Igumen.«

»Da sollte man wohl eine Molekularanalyse anstellen, wie?«, fragte Jewgeni und gähnte noch einmal heftig.

»Dafür müsste man es ihnen abknöpfen.«

»Und das fällt wieder mal schwer ...« Jewgeni reckte sich, die dünnen Lippen zerflossen ihm in Ironie.

»Jewgeni Borissowitsch, ich bin erst gestern darüber informiert worden. Es schwirrt einem der Kopf! Fedot von Tscheljabinsk, Anfissa, die Nasse, dann dieser Nektarius ...«

»Und er schoss auf die Waldschnepfe, da war sie längst auf und davon geflogen ...«

»Entschuldigung?« Der Assistent hatte schon wieder nicht verstanden.

»Entschuldigt wird nicht.« Jewgeni gähnte ein weiteres Mal.

»Ich habe nicht verstanden. Darf ich fortfahren?«

»Nein! Schluss mit dem Gebrüll!«

Der Hubschrauber landete. Jewgeni entnahm seinem schmalen goldenen Etui eine dünne Zigarette und sah aus dem Fenster: Felsen, Meer und das Kloster. In diesem Moment erhob sich unweit ein weißer Hubschrauber mit einem sechsflügeligen Seraph auf dem Rumpf.

»Nanu? Wie soll man das verstehen?«, fragte Jewgeni mit erhobenen Brauen.

Der Assistent schaute auf sein Tablet.

»Der Patriarch fliegt ab. Unverrichteter Dinge!«

»Na prima«, sagte Jewgeni, rauchte an und stieß lachend Rauch aus.

»Es ist nicht zu fassen!« Der Assistent schüttelte den Kopf.

Der Flugbegleiter kam hinter dem Paravent hervor, öffnete die Tür und klappte die Gangway aus. Ihm folgten die zwei Leibwächter, stiegen die Gangway hinab. Die heiße Luft des Südens drang zur Tür herein. Jewgeni stieg aus, betrat steinigen Boden mit verdorrtem Gras, blinzelte in die Sonne, sah dem aufsteigenden Hubschrauber des Patriarchen hinterher.

»›Einen Wagen für mich, einen Wagen!‹ Mit Blaulicht, bitte! Ach ja ...«

Die Zigarette zwischen den Lippen, schaute er sich um. Alles war grell und heiß. Es roch nach Meer und trockenem Wermut. Die Sonne brannte. Er zog die Sonnenbrille hervor, setzte sie auf. Unweit standen zwei Busse – der blaue vom Kloster und ein anderer, graugrün, der Nationalgarde zugehörig. Davor zwei Grüppchen von Menschen, voneinander getrennt durch eine Kette Nationalgardisten. In einiger Entfernung stand ein schweres Militärgerät, es erinnerte an einen mächtigen Hubkran mit Teleskopausleger. Vier Wächter mit Maschinenpistolen patrouillierten darum herum.

Umgeben von den beiden Leibwächtern und dem Assistenten, begab sich Jewgeni zu den Bussen. Zwei Männer, ein General und der Klostervorsteher, Igumen Charalampi, kamen ihnen entgegen. Der Igumen im schwarzen Habit, der General in leichter Felduniform.

Jewgeni warf die Zigarette wie einen Dartpfeil von sich, trat sie im Gehen mit der Schuhspitze platt. Als Erster war der General heran in schwungvollem Schritt, streckte ihm die Hand entgegen, sein Arm war dick wie eine Bohle:

»Shenja, stell dir vor, er hat den Patriarchen nicht empfangen!«

»Das ist nichts Neues.« Jewgeni reichte ihm die schmale Hand und schaffte es währenddessen, sich vor dem hinzutretenden Igumen zu verbeugen.

Der neigte zur Erwiderung das Haupt mit dem schwarzen Klobuk.

»Gestern der Präsident, heute der Patriarch. Wir fragen uns, wie ist das möglich?« Der General ruckte mit den schrägen Schultern. »Nicht wahr, heiliger Vater?«

»Vater genügt«, korrigierte ihn der Igumen und ließ gemessen die Gebetskette durch die Finger gleiten. »Ich sagte Ihnen ja, dass der Starze seit vier Jahren kein staatliches und kein kirchliches Oberhaupt mehr empfangen hat.«

»Dann lässt er uns erst recht nicht vor.«

»Könnte sein. Muss er wissen.«

»Habt Ihr ihn unterrichtet, dass wir kommen?«, fragte Jewgeni.

»Ich pflege ihn nicht zu unterrichten. Er weiß von selbst, was er wissen muss. Und handelt nach seinem Regularium, in das uns einzumischen wir nicht berufen sind.«

»Soll das heißen, er hört nicht auf Sie?«, knurrte der General.

»Er hört auf uns alle nicht«, sprach der Igumen und wandte den Blick seiner ruhigen Augen nach dem Felsen.

Jewgeni und der General taten es ihm nach. Die Felswand war nicht sehr hoch, dies war noch Gebirgsvorland, doch annähernd senkrecht, aus gräulich-gelbrosa Gestein. Eine Holztreppe klebte daran, gestützt auf in den Stein eingelassene Armaturstäbe, zickzackförmig, in drei Etagen hinaufführend. Sie wirkte ziemlich morsch. Anstelle eines Geländers gab es ein Tau, woran sich halten musste, wer den Weg nach oben wagte. Das Zickzack mündete in den Schlund einer Höhle, der an das Gesicht eines Einäugigen denken ließ. Von unten sah man, dass der Höhleneingang zugemauert war, offen gelassen nur eine schmale Luke.

»Seit einem Jahr verbarrikadiert sich der Mönch von innen«, raunte der Assistent Jewgeni ins Ohr. »Schlägt Steine aus dem Fels und behaut sie. Nur der Schlussstein fehlt noch.«

»Und der Mörtel wird ihm von unten gereicht?«, fragte Jewgeni mit der Andeutung eines Lächelns.

»Als Mörtel nutzt der Starze die eigenen Exkremente.«

»Oho, das ist ja ... weise. Sag mal, Boris, was sind das für Leute an dem Bus?«, fragte Jewgeni den General.

»Ja, halt Leute«, entgegnete der General, und ein böses Grinsen huschte ihm über das schweißige Gesicht. »Das ist unsere hochverehrte Öffentlichkeit. Etwas ist wieder mal durchgesickert! Vermutlich sind sie bestens im Bilde. Staatsgeheimnisse gibt es anscheinend nicht mehr, wozu auch. Der Staat ist ein löchriger Käse! Wie konnte es bloß so weit kommen, he?«

»Fragst du mich das?«

»Ja, wen denn sonst, verdammt noch mal?!«

Jewgeni holte das Zigarettenetui hervor, klappte es auf.

»Rauchen ist hier nicht erwünscht«, sagte der Igumen. »Fluchen ebenso wenig.«

»Ach was!«, fuhr der General auf und winkte ab.

Jewgeni steckte das Etui wieder ein.

»Und was begehrt die werte Öffentlichkeit? Seit wann sind die hier, Vater?«

»Seit heute Morgen.«

»Was wollen sie?«

»Was die wollen? Schwätzen wollen die, wie immer!«, höhnte der General. »Und zweimal hat man sie schon beköstigt.«

»Na, dann gehen wir doch mal hin und fragen sie.« Jewgeni hatte in dem Grüppchen schon einige Gestalten ausgemacht, die er kannte.

»Von mir aus!«, grummelte der General und ging voran. »Aber mir steht das Theater bis hier, wenn du mich fragst!« Er hieb sich im Gehen die Handkante gegen den breiten Hals.

»Borja, beruhige dich.«

»Ich bin die Ruhe in Person«, blaffte der General.

Groß und kernig, mit schmalen Schultern, ähnelte er einem Bären, den es durch äußere Unbill aus dem Winterschlaf in der warmen Höhle gerissen hatte. Vor allem die langen, kräftigen Arme des Generals verrieten seinen Missmut: Sie baumelten ihm an den Seiten, bedrohlich ausschlagend wie schwere Gegengewichte, so als sammelte sich in ihnen gerade die Energie für ein paar Ohrfeigen nach allen Regeln der Kunst, mit denen er diese Moskauer Mischpoke, die hier ungerufen angetanzt war, zur Räson bringen würde.

Kaum hatte sich die Sperrkette der Nationalgardisten geöffnet, um die Herannahenden durchzulassen, da eilte ein solider Herr im hellen Sommeranzug, mit adrettem weißborstigem Schnurrbart und gepflegten, sonnengebräunten Zügen, auf sie zu.

»Shenja, endlich, mein Lieber, wir warten schon eine Ewigkeit!«, rief er mit hoher Stimme.

Seine Umarmung, eher eine weiche Umfingerung, Anschmiegen mit breiter Brust, die Jewgeni über sich ergehen ließ, endete in drei Küssen; die Borsten stachen ihn in die hohlen Wangen. Der General hatte die Prozedur schon hinter sich.

»Was ist los, Freunde?«, fragte der Weißborstige, einen halben Schritt zurücktretend, ohne Jewgeni aus den Händen zu lassen. »Shenja, Borja! Was geht hier vor? Was haben diese wackeren Burschen mit den Kalaschnikows hier verloren? Sollen die uns verhaften? Festnageln? Fernhalten? Auseinanderjagen? Uns?? In diesen Zeiten?! Seid ihr von allen guten Geistern verlassen? Wenn das, was da passiert sein soll, tatsächlich passiert ist, kein Fake, und ich spüre schon, ich spüre es hier drinnen«, er tippte sich an die breite Brust, »dass es stimmt, es riecht nach Wahrheit, ja dann – kann es wahr sein, dass ihr uns isolieren wollt? Was zum Teufel hat das zu bedeuten?«

Ein pausbäckiger Mann trat hinzu, sein Gesicht glich einer Kartoffelknolle, er trug eine kleine Ikone vor der Brust, die Juri Gagarin mit einem goldenen Heiligenschein zeigte, und fing sogleich zu schwadronieren an, dabei fuchtelte er mit beiden Händen, die kurzen Finger zu zwei Schippchen gewölbt: »Russland entpuppt sich! Der Panzer hat einen Riss! Der blendend schöne Falter des russischen Staatswesens ist geschlüpft, zeigt sich der Menschheit in seinem vollen geistigen Glanz! Als strahlender Kampfjäger schwebt er über der Welt! Das Antlitz des Sergius von Radonesch auf dem einen Flügel, Jossif Stalin auf dem anderen! Die überirdische Strahlung russischer Geistigkeit geht von ihm aus! Tief durchdringt sie den Planeten! Posaunentöne hallen durch die Welt: Völker und Staaten, bereut, kehrt ein unter der Flagge des Fünften Imperiums, und ihr werdet teilhaftig der großen Umgestaltung der Welt!«

Er wurde ohne Umstände beiseitegedrängt von einem Mann mit grobschlächtigem Gesicht, Anzug aus dunkelblauer Seide, schwarze Fliege und Jockeystiefel; in Händen einen Gehstock mit Knauf, Letzterer in Form eines Drachenkopfes.

»Meine verehrten Herren!«, hob er an und ließ die Gesichtsmuskeln in exaltierter Männlichkeit spielen, »Sie wissen, ich bin ein Pirat, ein zynischer Missetäter. Bis gestern spuckte ich meine tagtägliche Niagaraladung Gift und Galle auf unsere Kirche und ihre Diener, aber heute bin ich bereit, vor ihr auf die Knie zu fallen« – er tat es behände – »und allen voran die Treppe hinauf zum Großen Starzen zu erklimmen, auf Knien. Und gerne nackt, mit Asche auf dem Kopf.«

»Nichts fehlt uns so sehr wie gegenseitiges Vertrauen und elementares Verständnis für den anderen!«, sprach, sang es fast, ein dürrer Mann mit tränenden Augen, Spitzbart und wallendem weißem Haar, in karminrotem Sari mit Stehkragen und aufgesticktem orthodoxem Kreuz, angeheftet die Medaille *Für die Verteidigung des Donbass*, weißen Hosen und gelben Sneakers.

»Wer sind denn Sie?«, brummte der General.

»Vom BRK.«

»Hä-äh?«

»Bund russischer Künstler«, half Jewgenis Assistent.

Der Mann kreuzte die sehnigen Arme vor der Brust.

»Wir können über alles reden«, sprach er, »wir müssen es sogar! Flüsternd in den Ecken zu stehen wie der schimmelige liberale Klüngel, genügt nicht. Reden Tag und Nacht, stündlich, minütlich, sekündlich, damit man versteht, in welch großartigem Land wir leben und wie viel wir gemeinsam zu tun imstande sind, wie vieles wir noch vor uns haben und was für einen vortrefflichen Präsidenten, was für hervorragende Militärs, Generäle, Starzen und Heilige, Väter, Mütter, Brüder, Ehefrauen, Kinder, wir überwinden jedes Hindernis, finden für alles eine Lösung, vorausgesetzt, wir reden, Reden ist die Hauptsache!«

»Absolut einverstanden! Reden!«, pflichtete ihm ein anderer bei, der eine Brille trug und graues Wuschelhaar, dazu einen Bart wie ein weiser Ziegenbock, kariertes Hemd und Nanking-Weste, und hob bedeutungsvoll den Zeigefinger.

»Und was habt ihr hier zu suchen?«, brummte der General unzufrieden. »Aufnahmen und Reportagen sind nicht gestattet.«

»Wir sind hier als einfache Bürger unseres Landes, Herr General«, erwiderte der Zottelkopf selbstgewiss lächelnd, dabei rutschten ihm zwei Schneidezähne über die Lippe. »Und was immer Sie bewegt, es bewegt uns ebenso sehr!«

»Jewgeni, ohne Umschweife!«, forderte eine Frau mit sportlicher Figur, hoher roter Mähne, Eidechsengesicht und Burattino-Stimme. »Ist das alles wahr?«

Darauf wurden alle still. Jewgeni ließ noch einen Moment vergehen, dann sprach er: »Es ist wahr.«

Für einen langen Augenblick schienen die Umstehenden wie erstorben. Dann lösten sie sich aus der Starre, jeder auf seine Weise. Der Pausbäckige fiel auf die Knie, schlug ein Kreuz und begann vor sich hin zu beten: »Wer unter dem Schirm des Höchsten sitzt ...«

Der Mann mit dem Stock wiederum sprang von den Knien auf die Füße und jubelte: »Großartig, wunderbar! Ich wusste es! Dann lasst uns hinangehen!«

Der Zottelkopf schüttelte seine Graumähne und sprach vernehmlich: »Da habt ihr Holzköpfe die Bescherung!«

Der BRK-Mann krallte die Finger in seinen Sari und sprach mit rollenden Augen: »Alles, alles vermögen wir zu überwinden, alles, um am Ende glücklich und gesund zu sein, die Väter, die Söhne, die Mütter, die Frauen, die Kinder, die Schafe ...«

Die Rothaarige kicherte nervös. Der Weißborstige aber begann zu lamentieren, schrill wie ein altes Klageweib:

»Ja aber, Shenja, warte, wenn das wirklich, also wenn das wahr ist – ja dann, meine Damen und Herren, meine lieben Vaterlandsgenossen, Bürger und Untergebene, dann geht's uns an den Kragen, wie der Wolf dem Lämmchen an die Gurgel geht« – er fuhr sich an den Hals mit sonnengebräunter Hand, an der zwei verschnörkelte Goldringe blitzten – »dann drücken sie uns die Luft ab, vermaledeit, hu-hu-u-u!«

Sein Schnurrbart zitterte, Tränen glitzerten in den braunen Augen.

»Steigen wir rauf, Freunde!«, rief der Grobschlächtige und schwang den Stock, »Russland hat schon oft durch ein Wunder überlebt, auch diesmal wird das Wunder geschehen! Und zwar wissenschaftlich fundiert! Das steht in keinem Widerspruch zu Chemie und Quantenmechanik! Wir gehen alle miteinander, Jewgeni soll vorangehen, wir hinterher. Auf geht's!«

»Halt's Maul!!«, fuhr die Rothaarige ihn an, so harsch, dass alle sie anstarrten.

Sie umklammerte ihre Ellbogen, wohl um der Erregung Herr zu werden, was aber misslang:

»Spiel hier nicht den Narren! Was wir jetzt brauchen ... Wir sollten alle Zwietracht vergessen, alle Debatten, eitlen Ambitionen – Liberasten, Westler, Patrioten, Russlandversteher, diesen ganzen Scheiß. Wir sollten uns jetzt eng um unseren Präsidenten scharen, ein Bollwerk um den Kreml sein!«

»Reichlich spät, mein Täubchen«, zischte der Mann mit dem Stock gehässig durch die Zähne und strich sich den Staub von den seidigen Knien.

»Spät, von wegen! Dafür ist es nie zu spät!«

»Scharen müssen wir uns um den General. Fürs Erste wenigstens.«

Der Angesprochene schwieg. Seine Bärenäuglein registrierten, was um ihn vorging, mit der gewohnten wachsamen Gelassenheit, die ihn niemals verließ, selbst wenn er betrunken oder außer sich war, aber etwas braute sich zusammen in ihm, wuchs von Minute zu Minute, stapelte sich aus wolkigen Quadern zu einem schwarzen Turm der Angst. Und das kam daher, dass er, der durch drei handfeste Kriege und eine lange Karriereschlacht gegangen, dessen Charakter Stahlzähne gewachsen waren, ein Panzer aus Kraft, mit Dornen des Ruhms, angelangt auf dem Gipfel der Macht – er konnte zum zweiten Mal im Leben nicht verstehen, was gerade geschah. Etwas Vergleichbares war ihm höchstens einmal als Kind widerfahren, im Dorfstall, als der Fünfjährige eine Kuh kalben sah. Alles, was er sich die letzten vierundzwanzig Stunden hatte anhören müssen von Militärs, Beamten, Gelehrten, dem Präsidenten persönlich und jetzt noch von diesen Clowns, erzeugte in ihm nur den einen Wunsch: draufzuhalten aus Mörsern und Kanonen, mit Bomben und Granaten, abknallen die Bagage, durchlöchern wie ein Sieb, kartätschen, dass die Fetzen fliegen, Napalm drüberkippen und selber in diesen Hubschrauber steigen und abdampfen über sieben Berge, dahin, wo am Sandstrand unter Palmwedeln die geliebte Frau und die Kinderlein auf ihn warteten.

Er hatte schon den Mund aufgemacht, Schweiß auf der Oberlippe, um etwas Hässliches von sich zu geben, da ging in der Nähe ein Stein nieder.

Alle schauten hin. Der Klostervorsteher hob ihn auf. Sein Blick ging hinauf zur Höhle, zu der Luke. Der Stein war nicht größer als ein Tennisball. Und es war kein normaler Stein, es war ein Weizenbrötchen, das zu Stein geworden war, weil einer es so gewollt hatte. Der Igumen brach es auf. Darinnen war ein glänzendes Zifferblatt, in der Mitte ein Zeiger. Es war ein alter Kompass mit gesprungener Scheibe, inkrustiert in den Stein.

»Ein Kompass?«, fragte Jewgeni, der näher getreten war.

»Der seine«, präzisierte der Igumen. »Ich bitte Sie, im Kreis Aufstellung zu nehmen.«

Fügsam und ohne Widerrede bildete sich ein Kreis. Der Vorsteher mit dem Stein in der Hand trat in die Mitte. Der Zeiger kreiselte ein bisschen und blieb dann stehen. Der Vorsteher hob den Blick und sah Jewgenis Assistenten an:

»Der Starze ist bereit, Sie zu empfangen.«

Die im Kreis Stehenden glotzten auf den Assistenten. Dessen kluges, lebendiges junges Gesicht zeigte kaum eine Regung.

»Na schau. Alex!«, sagte Jewgeni, seufzte und lachte in einem. »Du bist in der Sache ja ohnehin besser informiert als ich.«

Er zückte sein Etui.

»Ich geh erst mal eine rauchen.«

Und er entfernte sich in Richtung der Busse.

»Dann paff ich eine mit, wenn's Ihnen recht ist?«, rief der Mann mit dem Stock in unheilschwangerem Ton und zog seine Pfeife hervor.

»Von mir aus ...«

»Ich auch!« Der Spitzbart mit dem Wallhaar nickte.

»Soll einer verstehen«, brummte der General mit verächtlichem Seitenblick auf Alexander, machte grimmig auf dem Absatz kehrt und stolzierte Jewgeni hinterdrein.

Die Rothaarige stemmte die muskulösen Arme in die Oberschenkel, dann schob sie die Hände nervös in die Taschen ihrer engen weißen Hose:

»Alex, Sie wissen ja, ich ...« Sie seufzte, wiegte den Kopf, schüttelte heftig ihre Locken. »Sie ... Ich weiß nicht ... Strategisch ... Ich weiß ja nicht mal, ob ...«

»Genau! Du weißt nichts!«, unterbrach sie der Weißborstige und legte den Arm um Alex. »Halt darum den Mund. Ich weiß auch nichts! Die wissen alle nichts! Nicht mal Vater Charalampi! Keiner weiß etwas! Also sei gefälligst sti-hi-ill!« Das Letzte sang er schon fast, mit dünner Stimme. »Alex! Der Starze hat dich erwählt. Das ist ein Fingerzeig Gottes. Ein großes Glück, mein Lieber, das ist dir hoffentlich klar, he?«

Alex sagte nichts. Dem Weißborstigen begann das Kinn zu beben, während er fortfuhr:

»Da oben in der Höhle wohnt der Er-lö-ser! Der Russland erlösen wird! Ein großes Mysterium! Es soll eingehen in dich, in mich, in uns, uns alle, hier hinein!« Er tippte mit dem Finger an seinen gebräunten Adamsapfel. »Das Große Geheimnis! Schluck um Schluck! Nur wenn es nicht runtergehen will, wenn ... wenn es uns im Hals stecken bleibt, ich meine, dieser Schluck Wahrheit von Gottes Gnaden, wenn wir den nicht schlucken, dann ...« – er fing an zu schluchzen – »dann hat das Leben keinen Sinn mehr. Wir verschlucken uns! Wir werden ersticken! Dann ist das Land geliefert. Dann ist das Ende da für alle und jeden! Verstehst du? Die russische Sonne ginge unter für immer!«

Unterdessen sprudelten ihm die Tränen nur so.

»Alexander, seien Sie gewiss, Fürst Dmitri Donskoi steht Ihnen bei! Peter der Große! Marschall Shukow!«, rief der Pausbäckige Speichel spritzend, reckte seine Schippchenhand bis vor Alex' Gesicht. »Fürchten Sie nichts! Hier, an diesem Fels, entscheidet sich das Schicksal des Fünften Imperiums! Die Strahlen des Ewigen Russlands kreuzen sich auf Ihrer Brust! Sie schreiben unsere Geschichte neu, die tönen und klingen wird, schillern in allen Regenbogenfarben, in jedem Atom Ihres Körpers, wenn Sie emporsteigen, wenn der Große Hellsichtige vollzieht, was vorgezeichnet ist! Es lebe das Große, das Himmlische Russland!«

»Entscheidend ist, dass wir auch mit dem großen Starzen im Gespräch sind, mit ihm erörtern, was uns am Herzen liegt, über alles reden können, denn ...«, wollte der Mann vom BRK loslegen, doch der Weißborstige schnitt ihm das Wort ab.

»Still jetzt! Seid alle still!« Er hob die Faust. »Genug geschwätzt! Wir sollten schweigen. Und in uns gehen! Lauschen! Versteht ihr?«

Tatsächlich wurden nun alle still.

»Geh rauf jetzt, Alex«, raunte der Weißborstige ganz leise und gefühlvoll. Um im nächsten Moment zu brüllen, im Diskant:

»Ge-e-e-eh!«

Ein großer Spucketropfen hing ihm an der Lippe, funkelte wie ein Brillant in der Sonne.

»Geht mit Gott«, sprach der Igumen und schlug das Kreuz über Alex, dann reichte er ihm eine kleine Plastikflasche. »Nehmt ihm etwas Wasser mit.«

Alex nahm die Flasche und ging hinüber zu dem Armeekran. Die Wächter nahmen keine Notiz von ihm. Dem großen grünen Fahrerhaus entstieg ein Hauptmann, nickte dem Soldaten zu, der in der anderen Kabine unter dem Teleskoparm saß. Am Ende dieses Arms hing ein geschlossener würfelförmiger Metallkorb von beachtlicher Größe, er besaß eine halbhohe Tür mit Vorhängeschloss. Der Motor wurde angelassen und knatterte laut, graublauer Rauch aus dem Auspuff. Erst jetzt bemerkte Alex, dass das Fahrwerk leicht über der Erde schwebte, das Chassis ruhte auf sechs kräftigen Füßen. Der dicke Teleskopausleger setzte sich in Bewegung, schwenkte heran, der Korb senkte sich zum steinigen Boden. Der Hauptmann kam, nahm das Schloss von der Tür, sperrte auf. Im Inneren stand ein runder weißer Plastiktisch. Darauf ein schwarzer Kegel und noch eine Anzahl Bruchstücke.

»Da an der rechten Wand ist ein Knopf«, erklärte der Hauptmann. »Wenn Sie fertig sind, drücken Sie den, dann lassen wir Sie runter.«

Der Hauptmann entfernte sich.

Mit der Flasche und dem Tablet in Händen betrat Alex den Korb. Er war knapp übermannshoch, drinnen war es heiß und stickig. Doch ein Ventilator sprang sogleich an.

Der Korb stieg auf in Richtung Höhle. Alex legte das Tablet auf den Tisch und spähte hinab auf die Abstand gewinnende Erde. Er sah die Menschen stehen und stumm, die Augen mit Händen gegen die Sonne schirmend, zu ihm heraufschauen. Man konnte meinen, es wären junge Pioniere, die Hand zum Pioniergruß erhoben.

»Transzendental!«, fiel ihm ein Wort dazu ein, das irgendwie passte – aus der *Reise nach Petuschki,* die sein vor Kurzem verstorbener Vater immer wieder mit Freuden gelesen und daraus zitiert hatte.

Der Korb näherte sich der Höhle und dockte behutsam, als wäre es ein Raumschiff, am Felsen an; zwischen Blech und Stein blieb ein schmaler Spalt. Das Mauerwerk des Höhleneingangs war nun sozusagen des Würfels sechste Wand. Kein Licht fiel mehr herein, dafür schaltete sich im selben Moment die Deckenbeleuchtung ein. Alex, auf stählernem Boden stehend, starrte auf die Mauer mit der Lücke. Das Mauerwerk war akkurat gefügt, aus exakt behauenen Steinen, die, obgleich unterschiedlicher Größe, ideal zueinanderpassten. Es fehlte nur der eine Stein. In der Lücke war es finster und still.

Alex holte tief Luft und sprach laut:

»Seid gegrüßt, Vater Pankrati!«

»Amen«, kam es dumpf aus der Höhle zurück.

Alex schob die Hand mit der Flasche in das Loch:

»Vater Charalampi schickt Euch Wasser.«

»Der Herr behüte ihn«, ertönte die Antwort, und eine unsichtbare kühle Hand nahm die Flasche in Empfang.

Ein Schurren drang aus dem Loch, es gab Bewegung. Dann wieder Stille. Kurz darauf waren die Augen des Starzen zu sehen, die obere Hälfte seines Gesichts. Es wirkte nicht sehr alt. Die Augen schauten wie zerstreut, ohne Fokus auf den Besucher.

»Was führt dich zu mir, Alex?«, fragte der Starze.

»Großes Leid, Vater«, hob Alex an und geriet gleich ins Stocken.

»Dein Vater ist gestorben?«

»Ja, Vater. Er ist gestorben.«

Der Starze schwieg. Alex wunderte es kein bisschen, dass der Mann seinen Namen wusste und dass sein Vater unlängst gestorben war.

Er leckte sich die Lippen.

»Ich … ich komme nicht in eigener Sache, sondern … wie soll ich sagen … in einer Staatsangelegenheit. Es geht um Leben und Tod unseres Staates, unseres einmaligen, großartigen Landes, unserer … Mutter Heimat.«

Was rede ich Idiot da zusammen, dachte er.

»Du bist kein Idiot«, hörte er es aus dem Loch sagen. Wie peinlich war das denn …

»Peinlich für den, der sieht. Für dich gibt es noch nichts zu sehen.«

Diese Replik brachte Alex zur Besinnung. Er wies mit der Hand zu dem schwarzen Kegel auf dem Tisch und begann:

»Vater, Ihr seht hier den Atomsprengkopf einer russländischen ballistischen Interkontinentalrakete RS-20. Jede Rakete ist mit zehn solchen Köpfen bestückt. Vierundvierzig dieser Raketen hält unser

Land einsatzbereit. Das ist der Atomschild unserer Heimat, der die Sicherheit des Staates garantiert. Unabhängig zielbare Sprengköpfe, je zehn, wie gesagt. Ja, und gestern ist etwas geschehen, wofür die Wissenschaft keine Erklärung hat. Jeder Sprengkopf hat zwei Sprengladungen, einen nuklearen Zünder als Trigger und die thermonukleare Hauptladung. Erst zündet der Trigger und provoziert damit die Explosion der Hauptladung und die Ingangsetzung ...«

»... der ungesteuerten thermonuklearen Reaktion«, so tönte es aus der Höhle.

»Genau. Dann explodiert die Bombe. Wasserstoffbombe, fünfhundert Kilotonnen pro Sprengkopf. Ja, und gestern mussten unsere Dienste feststellen, dass sämtliche Sprengköpfe auf den zwölf in Fernost stationierten Raketen aufgehört haben zu strahlen. Null Radioaktivität. Bei der Demontage eines der Sprengköpfe stellte sich heraus, dass alle Sprengladungen, bestehend aus Uran-238, Plutonium-239 und Lithiumdeuterid, sich in Zucker verwandelt haben. Grobkörnige Raffinade, semitransparent. Aus einhundertzwanzig Sprengköpfen wurden ...«

»Zuckerhüte.«

»Tja.« Alex leckte sich die Lippen und verstummte.

Jetzt hörte er den alten Mann in der Höhle schmatzen. Er kaute offenbar etwas, schlürfte genüsslich Wasser aus der Flasche dazu. Schweigend hörte Alex zu, wie der Starze in aller Ruhe aß und trank.

»Vater Pankrati«, begann Alex von Neuem, »keiner

versteht, was passiert ist. Die Möglichkeit, jemand könnte die Sprengköpfe ausgetauscht haben, lässt sich ausschließen. Einfach undenkbar. Und da ist noch etwas: In den Regionen, wo die R-20 stationiert sind, wurden gestern seltsame Vogelschwärme beobachtet, Vögel von seltsamer Farbe. Von Kranichen war die Rede oder Möwen, jedenfalls absonderlich gefärbt, orange oder blau. Militärs ebenso wie Zivilisten sind Zeugen gewesen. Einwohner behaupten, sie hätten solche Vögel noch nie in ihrer Gegend gesehen.«

Der Starze kaute.

»Dieser Vorfall bedroht die Sicherheit unseres Staates, er könnte uns alle in eine schreckliche Katastrophe stürzen. Russland könnte seinen Atomschild verlieren, seine Sicherheitsgarantie.«

Der Starze war offenbar fertig mit essen, er trank noch einen Schluck und räusperte sich. Dann war es still in der Höhle.

»Habt Ihr eine Erklärung dafür?«, fragte Alex.

Der Starze schwieg.

»Könntet Ihr helfen? Ihr seid doch, wie man weiß, mit Gott im Bunde und tut ... macht ... bringt gar unglaubliche Dinge zuwege.«

Der Starze schwieg.

Alex seufzte.

»Ihr seid unsere letzte Hoffnung, Vater Pankrati.«

Das Gesicht des Einsiedlers erschien im Loch.

»Was hast du da noch auf dem Tisch liegen?«

Alex sah hin.

»Das sind Splitter von der Sprengladung. Jetzt purer Zucker. Demonstrationshalber beigelegt …«

Aus der Höhle hörte man es gluckern, dann erschien eine Hand mit einem Emaillebecher.

»Ich hab ewig keinen Tee mit Zucker getrunken. Sei so nett, Alex, und brich mir ein Stückchen ab.«

Alex nahm den Becher entgegen: hellblaue Emaille, schmutzig, mit schadhaftem Rand. Darin war Wasser aus der Flasche. Obenauf schwammen ein paar trockene Teekrümel, die der Starze anscheinend eben erst in den Becher geworfen hatte. Doch noch während sich Alex zum Tisch drehte, begann das Wasser im Becher zu sieden. Alex hielt inne, starrte auf das brodelnde Wasser. Es kochte tatsächlich. Und der Becher erhitzte sich schnell. Alex stellte ihn behutsam auf den Tisch. Das Wasser köchelte noch ein bisschen vor sich hin und beruhigte sich dann.

Gebannt schaute Alex in den blauen Napf.

»Brich was ab und wirf es in den Tee.«

Alex schrak auf, ergriff eins der halbrunden kristallinen Bruchstücke und versuchte, etwas abzuknipsen, doch es gelang ihm nicht. Der Zucker war hart. Alex schlug den Barren gegen die Tischkante. Zwei Splitter sprangen ab. Er ließ sie in den Becher fallen. Hob ihn auf. Er war brühheiß. Alex reichte den Becher durch die Luke. Die Hand des Einsiedlers nahm ihn entgegen. Der Einsiedler schlug die Augen nieder. Alex hörte, wie er in den Tee pustete. Dann nahm er einen ersten Schluck.

»Ahh, wunderbar …«

Während der Starze pustend und fauchend seinen Tee trank, stand Alex da und schaute auf das Gesicht hinter der Luke. Abwechselnd hob und senkte der Einsiedler den Blick, doch selbst wenn seine Augen aus dem Loch herausschauten, fühlte Alex sich nicht angesehen, der Blick schien durch ihn hindurchzugehen.

Die Zeit verstrich. Der Ventilator im Korb surrte, sog kalte Luft herein. Der Schwall traf Alex im Rücken, was ihm jedoch nicht angenehm war, im Gegenteil, es zerrte an den Nerven. Diese angesaugte Luft, der Plastiktisch mit dem schwarzen Kegel und den Zuckersplittern, die grob zusammengeschweißten Blechwände, an der Decke die vier grellen Glühbirnen – und er selbst, Alex, im blauen Geschäftsanzug, aschgraue französische Krawatte, englische Schuhe – wie blöd war das alles, wie unpassend vor dieser groben Steinwand, dem Loch, dem Gesicht des Starzen.

Der Einsiedler schlürfte Tee, schmatzte, brummte etwas, schlürfte, schmatzte, brummte. Mit jedem Geräusch fühlte Alex sich ohnmächtiger, fühlte er die Gereiztheit in sich wachsen. Er hatte eine schlaflose, irre Nacht hinter sich voller Anspannung, hektischer Betriebsamkeit, Textvorlagen und Gespräche, ausartend in Gebrüll. Was jetzt und hier vor sich ging, in diesem blöden Würfel, glich eher einem Traum, herausgefallen aus dieser wahnwitzigen Nacht.

Alex wäre jetzt gern aus diesem Traum erwacht.

Er fiel plötzlich auf die Knie.

»Vater Pankrati«, sprach er, »hört mich an! Ihr wisst, wo wir alle leben, in welchem Land, welchem Staat. Hier ist alles, als ob. Ruhe – als ob, Freiheit – als ob, Gesetze – als ob, Ordnung – als ob, ein König – als ob, Bojaren – als ob, Knechte – als ob, Adel – als ob, Kirche – als ob, Kindergarten – als ob, Schule – als ob, Parlament – als ob, Gerichte – als ob, Krankenhäuser – als ob, Fleisch – als ob, Flugzeuge – als ob, Wodka – als ob, Business – als ob, Autos – als ob, Fabriken – als ob, Straßen – als ob, Friedhöfe – als ob, Rente – als ob, Käse – als ob, Frieden – als ob, Krieg – als ob, Heimat – als ob.«

Der Einsiedler hatte aufgehört zu trinken.

Alex aber fuhr fort, mit grimmig bebender Stimme:

»Echt ist bei uns nur dieser Sprengkopf. Nur dieses Uran, das Lithiumdeuterit. Das funktioniert. Wenn auch das noch zum Als-ob wird, dann ist gar nichts mehr da. Nur noch eine große Leere. Ihr ... Ihr wisst, wie man Dinge verwandelt. Ihr könnt sehr vieles. Ihr seid ein großer Held. Verwandelt diesen Zucker zurück in Uran und Lithiumdeuterit, ich flehe Euch an. Damit alles wieder so ist, wie es war. Alle Russen bitten Euch darum.«

Er verstummte, am ganzen Leib zitternd.

In der Höhle war es still geworden. Dann erschien wieder die Hand mit dem Becher in der Luke.

»Komm, Alex, trink was!«, sprach der Alte laut.

Alex erhob sich mit Mühe. Er hatte weiche Knie. Umfasste den heißen Becher mit beiden Händen, damit er ihm nicht entglitt. Seine Hände zitterten heftig. Er führte den Becher an die Lippen und tat einen Schluck, die Zähne schlugen gegen den schartigen Rand der blauen Emaille. Der Tee war leicht gesüßt, er schmeckte fantastisch. Wie in der Kindheit. Er machte, dass Ruhe einkehrte in ihm.

Alex holte tief Luft. Dann trank er noch einmal.

»Trink aus!«, befahl der Starez.

Gehorsam und begierig trank Alex den Becher leer. Er reichte den Becher zur Luke hinein. Der Einsiedler schob ihn weg.

»Behalt ihn.«

Alex zog seine Hand mit dem Becher zurück. In der Höhle war es wieder still.

»Was fangen wir an?«, fragte Alex.

Der Starez ließ sich mit einer Antwort Zeit.

»Wie heißt eure Rakete?«, wollte er wissen.

»RS-20.«

»Nein. Wie ihr Name ist, will ich wissen.«

»Ihr Name ... Satan, glaube ich. Satan. So haben zumindest die Konstrukteure sie genannt.«

Der Starez schwieg erneut. Lange Minuten verrannen.

»Vater Pankrati«, sprach Alex, sein Gesicht nahe an die Luke haltend, »was sollen wir tun?«

In der Höhle stank es.

»Schlafen!«, kam die Antwort des Starzen aus der Finsternis.

»Wie ... schlafen?«

»Tief und fest.«

»Wozu?«

»Damit die Träume herauskönnen.«

Alex atmete tief ein und wieder aus, er kämpfte um Fassung. Wollte den Starzen gerade fragen, was das heißen sollte, da kam der Alte ihm zuvor.

»Geh jetzt. Schlaf!«

Aus der Höhle drang ein Scharren, Ächzen, Murmeln. Dann zog Stille ein. Mit dem Becher in der Hand stand Alex vor dem finsteren Loch und starrte hinein. Es verging einige Zeit. Plötzlich wurde ein Stein in das Loch geschoben, der es vollständig verschloss. An den Fugen quoll etwas hellbraune Masse hervor. Einen Geruch konnte Alex nicht wahrnehmen.

So stand er da, sein Blick prallte ab von der geschlossenen Mauer. Der blöde Ventilator summte und blies ihm in den Rücken. Alex klopfte mit dem Becher gegen den Stein.

»Vater Pankrati.«

Kein Ton von hinter der Wand.

»Was soll denn das?«, stieß Alex ohnmächtig hervor und ließ die Hände sinken. Die Mauer mit all ihren Adern, Buckeln, Kanten und Rissen stand vor ihm wie zum Hohn. Er hätte sie bespucken mögen.

»Rede!«, brüllte Alex wutentbrannt und hämmerte mit dem Becher gegen die Wand.

Auf einmal war wieder ein Murmeln von drinnen zu vernehmen. Schwach und dumpf, aber nicht zu überhören. Alex presste das Ohr an den Stein. Doch es war nicht zu verstehen. Etwas zwischen Gemurmel und Gesang. Nach kurzem Besinnen legte er den Becher an den Stein und das Ohr an den Becher – wie er es zuletzt als Jugendlicher getan hatte, als sich seine große Schwester im Zimmer nebenan ihrem Mitschüler hingab, einem dürren, schieläugigen Typen mit Fusselbart, von dem Alex gelernt hatte, Wodka zu trinken, und der *Führt mich über den Maidan* zur Gitarre sang.

Der Becher half: Der Starze in seiner zugemauerten Höhle sang tatsächlich ein Lied. Es war eine simple Melodie, die jedes Kind kennt. Alex hielt sich das freie Ohr zu, um nicht das Surren des bescheuerten Ventilators zu hören, und strengte sich an. Jetzt verstand er:

Dies war des Lebens letzter Akt:
Wenig gegessen, viel gekackt.

Mehr Text war nicht. Der Starze wiederholte die immer gleiche kurze Strophe. Und irgendwann verstummte er ganz.

Der infantile Singsang wirkte auf Alex wie der Biss eines unsichtbaren Insekts – groß und gutartig, einer pummeligen Nachtmotte gleich. Es lähmte, fühlte sich aber gut an. Er war auf einmal ruhig. Irgendwie ganz mit sich im Reinen. Kein Grund mehr zur Eile. Vielmehr gab er sich einer Erinnerung hin, die ihm Spaß bereitete: Er dachte an früher, den Sprachheilkindergarten und seinen Freund dort, den lockigen, großäugigen Marik, der, auf dem Töpfchen sitzend, ein Gedicht erfunden hatte, das ging so:

inke inke onke
stinke stinke stonke

Marik war ein nettes, fröhliches Kind, plappernd ohne Unterlass, obwohl er stotterte, so wie die meisten dort. Mariks Vater hatte ihm zum Geburtstag ein Album mit amerikanischen Briefmarken geschenkt, von denen Marik Alex sechzehn Stück abgab. Und Mariks Verslein machte auf erstaunliche Weise im ganzen Kindergarten die Runde, nicht nur die kleinen Stotterer, Lispler und Näseler sprachen es nach, auch die Tanten und der Hausmeister, der ein Suffkopp war, die fröhliche Musikerzieherin komponierte einen Inke-onke-Foxtrott, und selbst Alex' Mama, eine strenge, intelligente und wortkarge Frau, gewöhnte sich daran, zu sagen, wenn Alex etwas nicht gleich gelang: Ohne inke und onke kein stinke und stonke!

Einmal noch klopfte Alex kurz mit dem Becher gegen die Wand, dann begriff er, dass nichts mehr zu erwarten war. Er sah sich um und entdeckte den Knopf an der Korbwand.

Der Würfel ruckte an und fuhr hinab, schwebte zu Boden. Das Licht im Korb erlosch.

Alex befand sich im Finsteren. Mit dem Becher in

der Hand verließ er den Korb. Und er sah, dass die Nacht hereingebrochen war.

Der Motor lief nicht mehr. Im Fahrerhaus brannte Licht, er sah kurz den Soldaten, ehe auch dort die Lampe ausging.

Alex versuchte, sich in der Schwärze der südlichen Nacht zu orientieren. Es war warm und frisch zugleich. In den Büschen schrien die Zikaden. Man hörte die Brandung leise rauschen. Eben kam der Mond hinter der einzigen Wolke hervor und beleuchtete die Szenerie: den Felsen, das Auto. Und schlafende Menschen, hingestreckt auf dem nackten Boden.

Alex trat näher.

Der General lag auf dem Rücken, Arme und Beine breit, er schnarchte laut und monoton. Auf seinem linken Bein lag der Kopf des Pausbäckigen, dessen Schnarchen von Schmatzen und Brummen durchsetzt war, in der kleinen Ikone auf seinem Bauch spiegelte sich der Mond. Der Kopf des Weißborstigen ruhte auf dem rechten Generalsbein, er stöhnte ein wenig im Schlaf und zuckte in Abständen am ganzen Körper. Daneben schlief Jewgeni, dessen Beine der schlafende, schnarchende und durch die Nase pfeifende Spitzbart fest in den Armen hielt. In unmittelbarer Nähe, die Wange an Jewgenis Oberschenkel geschmiegt, der BRK-Mann. Hinter dem General, dessen Hand ihm als Kopfstütze diente, der Grobschlächtige; seine Füße in den Jockeystiefeln lagen auf dem zuckenden Gesäß des Weißborstigen. Die rot gelockte Dame schlief mit dem Kopf auf des Spitzbarts Hintern wie auf einem Kissen. In einiger Entfernung schliefen kreuz und quer die Nationalgardisten, der Hauptmann und der Adjutant des Generals.

Der Igumen schlief im Sitzen, mit dem Rücken am Felsen. Sein mondbeschienenes Gesicht totenblass.

Warum ist er heute so passiv gewesen?, fragte sich Alex. Kaum ein Wort, stand da wie eine Salzsäule. Ein Säulenheiliger ...

Plötzlich schien es Alex so, als wäre der Igumen tot. Er warf den Becher zu Boden, ging zu ihm, beugte sich nieder. Das Gesicht des Vorstehers leuchtete in fahlem Grau. Kühle ging von ihm aus. Auf einmal regten sich die Falten in dem Gesicht, rückten wie Schuppen einer Echse übereinander, die geschlossenen Lider sanken in die Augenhöhlen, sackten bis auf den Grund, den Grund der Tage zweier dunkler schwarzer schlarzer Schächte Wächte Nächte der Mund Schrund hinwiederum ging zischend auf zerbrach zerbröselte grub sich zu Grab zu Erdenkraft:

SCHLAF FLASCH FALSCH SCHLAF!

Alex schlug die Augen auf, wieder zu und wieder auf. Sein Atem ging schwer.

Die Decke aus weißem Plastik, Wände von hellem Holz. Rhombenfenster. Fahler Himmel. Mattes Meer.

Morgengrauen.

Alja hatte mitbekommen, dass er erwacht war, sie rückte näher, ihr warmer Leib schmiegte sich an ihn.

»Musst du schon? Oder kannst du nicht schlafen?«

»Aaaah ...« Alex atmete tief aus, streckte die Arme in Richtung Decke.

»Willst du rausschwimmen?«

»Nein, nein.«

»Schlecht geträumt?«

»Ja, ja.«

»Wie immer nach dem Seeteufelessen?«

»Ja, ja.«

»Tradition?«

»Nein, nein.«

»Schicksal?«

»Ja, jaaah«, gähnte er.

»Geschmeckt hat es jedenfalls seeehr ...« Sie erwiderte das Gähnen, gähnte ihm ins Ohr, schlang die Arme unter der Decke um ihn.

»Ich hab dir Sachen geträumt ...« Er räkelte sich, die Hände wanderten unter das Kissen, das wegzurutschen drohte.

»Seeteufel und Koks sind wieder mal schuld! Über Bord damit! Den Muränen zum Fraß!«

»Da war plötzlich alles aus Zucker, das ganze Uran. Der Atomvorrat – bloß noch klarer Zucker. Tja! Jewgeni kam auch vor.«

»Selbst im Urlaub kommst du nicht los von ihm.«

»Ich war an seiner Stelle oben und hab vor ihm gekniet ...«

»Oben? Vor dem guten Onkel Wladimir? Auf dem Teppich?«

»Vor einer Höhle.«

»Was für einer Höhle?«

»Einer Berghöhle.«

»Und in der Höhle war hoffentlich ich? Nackt? Auf der Flucht vorm Minotaurus?«

»Na kla-a-ar!«

Alex musste lachen, kriegte sich nicht gleich wieder ein. Aljas Hand hatte unter der seidigen Decke seinen warmen, noch halb schlafenden Stick gefunden, ergriff ihn, drückte ihn sanft.

»Warum besorgt Ihr mir's eigentlich nie im Morgengrauen, Sir?«

»Schatz, ich bin halt ein Siebenschläfer …«

Er streckte sich auf dem hellgrünen Laken, ging ins Hohlkreuz, legte den Kopf in den Nacken.

Ihre Hand griff zu. Ließ locker. Griff zu. Ließ locker.

»Wa…rum? Wa…rum?«

»Och-ch…«

»Wa…rum?« Ihre Zähne zupften an seinem Ohrläppchen.

Langsam kam Leben in den Stick.

»Hm-m … Why not, honey …«

Ihre braunen Hände rissen die Decke herunter. Sie schwang das bronzene Knie über ihn, warf die Lawine schwarzen Haars zurück über die Schulter.

»Niesen wollte die Nymphe und trat auf einen Skorpion! Ithaka!«

Alex' Hände fuhren kraftlos auf dem Laken umher, seine Lider senkten sich.

»Scorpio, schenk der Nymphe dein weißes Gift!«

Bedächtig, aber selbstgewiss nahm sie auf dem Kolben Platz. Schüttelte den Kopf, sodass eine Lawine von Haar über dem Gefällten niederging.

»Aaah! Wie gut das tut am frühen Morgen!«

Salziges Haar.

Die Schenkel immer warm.

Die Titten immer spitz.

Die Lippen immer geschickt.

Eine Woge rollte über die beiden Körper.

Alex legte die Arme um sie, zog sie an sich. Sie hauchte ihm in den Hals mit feuchtem Stöhnen:

»Li-i-iebster ...«

Er schlug die Augen auf.

sie kann es kann es kann es leicht und kundig kann es kundig kunst und können ohne sich zu rührn wie eine sphinx eine sphinx alles passiert nur in ihr in ihr in ihr nur das ist kunst sie kann es sie kann es sie poppt mich sie poppt mich und kann es ihr haar das so schwarz ist ihr schwarzes ihr schwarzes lianenhaar schwarze lianen ein schwarzer lianenhaardschungel dazu die zwei halbkugeln pobacken knapp überm meer auf normalnull auf meereshöhe meereshöhle pobeeren fruchtbacken pfirsich nein melonenbacken oder nein zwei mangobacken mangopobacken mungopo mangapa backen am horizont am japanmangabackenhorizont so toughe zarte mangabacken tun mir gut auf meereshöhe mangas tun gut on water line vaterlein prater line scooter line mother line brother line und jetzt wird licht wird licht wird licht man sieht schon was gleich sieht man mehr gleich gleich ach ihr zwei mangabacken wie geschaffen für die lust entzückend entzackend zwei mangobacken mit dreieck dazwischen trizackbacken trizackbacken wie ein kelch nein ein pokal kelch martini dry no wet meeresmartini schweres sardinien schwermut auf einmal trizacktristesse nass ist die see klatschnasse see no ice no ice was aber ist das was ist das was sind das punkte sind das blasen lila blasen im martini im schweren meer was solln im meer die lila punkte immer mehr punkte im meer he was soll das was soll das was kann das sein und wo kommt das her warum wozu warum warum warum wieso die punkte im glas im pokal he hallo ihr punkte was soll das wohin jetzt wo fliegt ihr nun hin nein wartet wohin ihr wohin ihr blasen im meer bla bla lila woha woha-aha ah-ha-a-a-a-a-aahhh?!

Er stöhnte auf, umklammerte sie.

Flüstern in den Hals: »Ach, Scorpio, du spritzt ja schon dein weißes Gift ...«

»Was sind das ... das da für lih...lila Punkte im Meer ... und jetzt im Himmel?«

Derweil fing ihr Körper kundig zu konvulsieren an.

»Ach, Scorpio, ach-ach, hach Scorpio, du ... kleine Gift...spritze du, hach-ha-a-a-ra-ah!«

Ein Strahl von der Sonne, die eben aufging über dem Ionischen Meer, traf die Federspitzen des schlafenden Leittiers. Es zog den Kopf unterm Flügel hervor. Öffnete das violette Auge mit der schwarzen Pupille. Das Sonnenlicht spielte im Schwanengefieder in allen Violetttönen, von blau- bis gelbviolett. Langsam hob der Schwan den Kopf: rosalila Schnabel mit purpurlila Höcker, aquamarinlila Hals, jedes Fläumchen in der Sonne schillernd.

Der Ganter reckte den Kopf, schüttelte ihn. Sonne funkelte in seinen Pupillen. Er stieß einen Ruf aus. Alle zweiundzwanzig Schwäne des auf dem Wasser rastenden Schwarms erwachten und schüttelten ihr Gefieder.

Ein zweiter Ruf ertönte. Die Schwäne erwiderten ihn. Der Anführer drehte den Kopf hin und her, breitete die Flügel gegen die Sonne. Ein strahlend hellllilarotviolettes Federkleid.

Der Leitschwan startete. Die Schwingen klatschten auf das Wasser, die Füße mit den saphirvioletten Schwimmhäuten schlugen einen Trommelwirbel. Der Schwan wurde schneller. Auch in die anderen Schwäne kam Bewegung, flügelschlagend brachten sie den Schlafplatz in Wallung, die blauvioletten Hälse gereckt. Dann löste sich der Anführer als Erster vom morgendlich glatten Meeresspiegel, gefolgt vom übrigen Schwarm. Aufsteigend umrundeten die Schwäne ihr Nachtlager in weitem Bogen. Unter dem sonnenschillernden Violett ihrer Flügel breitete sich das

Meer, darin eine einsame zweimastige weiße Jacht, die grünblauen Umrisse von Ithaka in der Ferne. Der Leitschwan rief ein drittes Mal. Einhellig antwortete der Schwarm im Gefolge. Am Morgenhimmel entstand ein ebenmäßiger violetter Keil. Er zog noch einen kleinen Kreis, dann drehte er ab und nahm Kurs gen Norden.

DER TAG DES TSCHEKISTEN

Für Galina Dursthoff

Iwan und Mark sitzen am Tisch, vor ihnen ein russischer Imbiss: Gurken in Salzlake, eingelegte Pilze, Hering, Schinken, Speck, gekochte Kartoffeln, Sauerkraut. Über Iwans Schultern hängt ein alter sowjetischer Uniformmantel mit den Schulterklappen eines Hauptmanns des Ministeriums für Staatssicherheit. Mark trägt einen leichten beigefarbenen Pullover. Er öffnet eine Flasche Wodka und füllt zwei Schnapsgläser.

MARK
Warst du Tschekist?

IWAN
Ja.

MARK
Und du schämst dich nicht?

IWAN
Nein.

Sie stoßen an, trinken Wodka und essen einen Happen dazu.

MARK
Hast du Unschuldige verhaftet?

IWAN
Ja.

MARK
Falsche Aussagen aus ihnen herausgeprügelt?

IWAN
Ja.

MARK
Gefoltert?

IWAN
Ja.

MARK
Kollektivanklagen fabriziert?

IWAN
Ja.

MARK
Und du schämst dich nicht?

IWAN
Nein.

Sie stoßen an, trinken Wodka und essen einen Happen dazu.

MARK
Hast du Provokateure eingeschleust?

IWAN
Ja.

MARK
Hast du Geiseln genommen?

IWAN
Aber ja.

MARK
Und sie später erschossen?

IWAN
Logisch.

MARK
Warst du selbst an Massenerschießungen beteiligt?

IWAN
Ja klar.

MARK
Schämst du dich nicht?

IWAN
Nein.

Sie trinken Wodka und essen einen Happen dazu.

MARK
Hast du den Bauern ihr letztes Getreide weggenommen und sie zum Hungern verurteilt?

IWAN
Ja klar.

MARK
Und nachher die Bauern verhaftet, die in den Städten betteln gingen?

IWAN
Ja. Massenweise.

MARK
Hast du im Krieg bei den Sperrverbänden gedient?

IWAN
Habe ich.

MARK
Und mit dem Maschinengewehr auf fliehende Soldaten geschossen?

IWAN
Klar, ich hab es noch im Ohr: rat-tat-tat-tat-tat!

MARK
Schämst du dich nicht?

IWAN
Nein.

Sie trinken Wodka und essen einen Happen dazu.

MARK
Und hast du nach dem Krieg Sowjetbürger verhaftet, die sich auf dem von den Deutschen besetzten Gebiet befanden?

IWAN
Ja. Zu Tausenden!

MARK
Krimtataren, Tschetschenen und Inguschen deportiert?

IWAN
Ja. Güterzügeweise. Tuut-tut-tu-u-u-ut ...

MARK
Die Ärzteverschwörung angezettelt?

IWAN
Ja.

MARK
Und schämst du dich nicht?

IWAN
Nein.

Sie trinken Wodka und essen einen Happen dazu.

MARK
Hast du Solschenizyn, Wojnowitsch, Wladimow, Brodski und Bukowski aus dem Land gejagt?

IWAN
Ja.

MARK
Hast du Michoels getötet?

IWAN
Ja, den musste ich mit einem Laster überfahren ... Puh, mir ist heiß. So, jetzt bist du dran.

(Steht auf, streift sich den Uniformmantel ab, wirft ihn Mark über die Schultern und setzt sich wieder hin.)

IWAN
Warst du Tschekist?

MARK
Ja.

IWAN
Und schämst du dich nicht?

MARK
Nein.

Sie stoßen an, trinken Wodka und essen einen Happen dazu.

IWAN
Hast du den Regisseur Meyerhold, das Akademiemitglied Wawilow, Professor Winogradow und den Schriftsteller Babel gefoltert?

MARK
Ja.

IWAN
Hast du das Blut der Monarchisten mit dem Strohhalm getrunken?

MARK
Ja.

IWAN
Und das Hirn von Großfürsten gebraten?

MARK
Aber sicher! In Öl. Und feiertags in Butter. Zuerst kocht man es in Salzwasser mit einem Löffel Essig, Pfeffer, Lorbeer und Nelken, dann lässt man es abkühlen, paniert es in Semmelbröseln, brät es an, streut Pfeffer drüber und beträufelt es mit Zitrone ... Hmm ... köstlich! Genialer Imbiss zu einem *Zubrowka*!

IWAN
Und du schämst dich nicht?

MARK
Was hast du denn bloß immer?! *»Schämst du dich?« »Schämst du dich nicht?«* ... Komm schon!

Sie stoßen an, trinken Wodka und essen einen Happen dazu.

IWAN
Hast du mit Reichskriegsflaggen jongliert?

MARK
Ja.

IWAN
Hast du Frauen in Fußgängertunneln erschreckt?

MARK
Oh, mit dem größten Vergnügen! *Warte, warte nur ein Weilchen ...*

IWAN
Hast du deine Tochter einen Kreis auf die weiße Wand malen lassen?

MARK
Na klar. Ist schön geworden.

IWAN
Hast du manchmal heimlich die Pionierleiter beim Bumsen in der Scheune beobachtet?

MARK
Nein, aber belauscht habe ich sie. Das war ... hui! Ich kam von der Bootsstation, da hatte mir ein Typ aus der fünften Gruppe buchstäblich einen Tritt in den Hintern versetzt und gesagt: Zisch ab! Die von den älteren Gruppen fuhren ihre Mädchen mit dem Boot spazieren, aber Rudik und ich hatten wieder mal kein Boot mehr abbekommen. Rudik ist dann in den Wald, zur Insektenkunde bei Wenjamin Iwanytsch, und ich wollte zum Spielplatz, Pingpong spielen. Als ich zwischen dem Gebäude und dem Lagerraum hindurchging, sah ich, dass

die Tür zum Lagerraum nur angelehnt war. Dadrin redete jemand. Zwei Stimmen, ein Mann und ein Mädchen. Das Mädchen schien zu schluchzen. Ich blieb stehen. Die da redeten, waren der Pionierleiter Marat und eine Leiterin von der dritten Gruppe, Sascha. Ein hoch aufgeschossenes Mädchen, kräftige Beine, großer Po, breites Gesicht und eine schrille Stimme. Großartige Volleyballspielerin. Wenn sie einen Treffer landete, sagte sie immer: Mit euch ist aber auch gar nichts los, ihr Schlafmützen! Und jetzt schluchzte sie immer wieder:

»Nein, nein, ich will das nicht mehr!«

»Aber warum, sag doch!«, fragte Marat.

»Weil ... weil ich das nicht mehr will, nie mehr!«, sagte sie.

Ich stellte mich neben die Tür und hörte zu.

»Aber wieso, was ist denn passiert?«

»Nichts ist passiert.«

»Gefalle ich dir nicht mehr?«

»Doch, Sie gefallen mir.«

»Wir sind seit zwei Tagen per Du. Schon vergessen?«

»Nein.«

»Gefalle ich dir nicht mehr?«

»Doch, du gefällst mir.«

»Bin ich dir zuwider?«

»Nein.«

»Willst du mich nicht mehr?«

»Ich ... nein ... ich will jetzt nicht.«

»Dann eben nicht jetzt. Und nicht hier. Na?«

»Ich weiß nicht ...«

»Wir treffen uns da, wo wir es uns so richtig schön machen können. Wo es ruhig ist.«

»Wo denn?«
»Hinten beim Wehr gibt es eine Scheune. Nicht weit von hier, da ist nie jemand.«
»Ich gehe nicht dahin.«
»Also bin ich dir zuwider?«
»Nein.«
»Warum dann?«
»Ich gehe nicht dahin.«
»Sascha, was ist denn ... was ...«
»Nein ... Marat ...«
»Sascha ...«
»Ich ...«
»...«
»...«
»Na? Sieh mal, du bist doch schon eine Frau und kein kleines Mädchen mehr.«
»Nicht ...«
»...«
»...«
»...«
»...«
»Du bist so ... zart ... so weiblich ...«
»Nicht ... bitte ...«
»Ich hab mich gleich in dich verliebt, wie ein Schuljunge ... Ich bin verrückt nach dir ... kann nachts nicht mehr schlafen ...«
»Also ... nein ...«
»So ... ah ... so zart ... und hier ...«
»Nicht ...«
»Du bist ein Frau ... du solltest das Leben genießen ...«
»...«
»...«

»... oh ...«

»Na? Besser so? Meine Süße ...«

»Na ja ...«

»Kein *Na ja*, Sascha, kein *Na ja* ...«

»...«

»Meine Süße ... meine Schöne ...«

»Ich bin ... nicht besonders schön ...«

»Mein Dummchen ... so ein Dummchen ... und so zart ...«

»...«

»Sieh an ... einen Nippel hast du, wie eine erwachsene Frau ...«

»...«

»...einen Nippel hat mein Stern ...«

»...«

»...und da ...«

»...«

»Saschenka ... mein Stern ...«

In dem Moment blies der Hornist Mischa das Signal zum Mittagsappell.

»Ich muss zurück zu meiner Gruppe ...«, murmelte Sascha.

»Geh nur. Und wenn Mittagsruhe ist, kommst du zu den Kletterstangen.«

Ich schlich auf Zehenspitzen von der Tür weg und rannte dann los. Auf dem Platz stellten wir uns einer nach dem anderen bei der Fahne auf. Sascha kam auch. Ihr Gesicht war ganz rot. Marat kam später, als alle anderen schon in Reih und Glied standen, und postierte sich am Fahnenmast. Die Gruppenleiter begannen zu rapportieren. Die Pionierleiter standen etwas abseits. Ich blickte zu Sascha hinüber. Sie trug Shorts und ein Militärhemd mit rotem Halstuch. Dazu flache weiße

Schuhe. Als der Rapport zu Ende war, machten sich alle auf in Richtung Kantine. Die Gruppenleiter aßen an einem eigenen Tisch. Marat war auch dabei. Ich sah, dass er etwas Lustiges erzählte und alle lachten. Sascha auch. Dann wurde Mittagsruhe angeordnet. Ich ging in unseren Trakt, zog Pionierhalstuch und Hemd aus und kletterte ins Bett. Zwei Pionierleiter gingen den Gang zwischen den Betten hinunter und nach draußen. Die anderen fingen an zu schwatzen, und ich tat so, als würde ich pinkeln gehen. In Wirklichkeit verließ ich das Gebäude und rannte zu der Stelle, wo die beiden Kletterstangen in den Boden gerammt waren. Ich sah Sascha daran vorbeigehen, und im Gebüsch weiter hinten sah ich Marat. Er drehte sich um und ging weiter. Sie ging in dieselbe Richtung. Ich hinterher. Sie gingen am Basketballplatz vorbei und in den Wald. Ich folgte ihnen. Im Wald gingen sie dann nebeneinander. Marat nahm Sascha bei der Hand. Dann bogen sie ab, überquerten eine Lichtung und gingen zur Scheune. Sie stand am Waldrand, wo die Wiese beginnt. Ich blieb im Wald stehen und beobachtete sie. Die Scheune war mit einem Schloss abgesperrt. Marat öffnete das Schloss, sie gingen hinein und ließen die Tür angelehnt. Ich schlich vorsichtig näher. Die Scheune war aus rohen Brettern zusammengehauen, und zwischen den Brettern waren lauter Ritzen. Die waren mit Heu verstopft. Sehen konnte man nichts. Aber hören. Ich sah mir also das Heu in den Ritzen an und lauschte.

»Na also ... siehst du ... hier stört uns keiner ...«

»Ich ...«

»Komm her ... so ... ja, so ...«

»Aber ...«

»Kein *Aber*, Süße ...«
»...«
»Ich hab's gleich ...«
»Nein ... es klemmt ...«
»So ... jetzt ...«
»...«
»Meine Süße ...«
»...«
»Ja ...«
»...«
»Ja, Süße ...«
»...«
»Ja, Süße ...«
»...«
»Ja, Süße ...«
»Au, das tut weh ...«
»Ich mach langsam ... ganz langsam ... Deine Muschi ist noch nicht daran gewöhnt ... Das wird schon ... das wird schon ...«
»Au ...«
»Das wird schon ...«
»Aua ...«
»Das wird schon ...«
»Ah ...«
»Das wird schon ...«
»Au ...«
»Das wird schon ...«
»Au ...«
»Langsam ... Das ist schön ...«
»...«
»Schön ... Ist das schön? Das ist doch schön? Ist das schön für Saschenka?«

»Ja … au …«
»Schön …«
»Au …«
»Schön …«
»Aua …«
»Schön … meine Süße … Ich liebe dich …«
»…«
»Schau mal … wie schön das für Saschenka ist … Saschenka ist so hübsch … sieh nur …«
»…«
»So … jetzt dreh dich auf den Bauch.«
»Au …«
»So … leg dich so hin … hier ist es weicher …«
»Aber … ah …«
»Leg dich mit dem Popo ganz nach oben … mit deinem süßen Popo … Ich geb dir einen Kuss auf den Popo … damit es fein ist für die kleine Saschenka … damit es schön ist …«
»…«
»Siehst du … so …«
»Nein … warum …«
»Gleich wird es noch schöner …«
»Nicht da … das tut weh!«
»Ich hab keine Eile … langsam …«
»Nicht!«
»Keine Angst. Ich bin doch bei dir.«
»Das tut weh!«
»Keine Angst … Es ist alles gut … alles schön …«
»Das tut we-e-eh!«
»Nein, das tut nicht weh … jetzt nicht mehr …«
»Das tut we-e-eh!«
»Schon gut, ich hab aufgehört. Leise, leise …«

»Aber es tut weh ... weh ...«
»Ich bin schon fast ... alles gut ... Ich tu Saschenka nichts ... süße Saschenka ... Ich lieg doch nur ...«
»Nein ... nicht!«
»Ich bin doch schon fast ... Hör auf!«
»Ni-hi-cht!!«
»Halt jetzt die Klappe! Wenn du schreist, erwürge ich dich, du dumme Gans! Ehrenwort! Ich erwürge dich und zünde die Scheune an. Hier, sieh mal ... hier ist das Feuerzeug. Siehst du? Ich werde die Scheißbude hier abfackeln und dich gleich mit. Selber schuld, wenn du so blöd bist! Also ab jetzt keinen Mucks mehr!«
»...«
»Schließlich tue ich dir einen Gefallen, ich bringe dir bei, eine freie, sinnliche Frau zu sein. Und du heulst wie eine Fünftklässlerin. Ich würde dir nie etwas Schlimmes antun. Nie.«
»Das tut ... mir ... weh.«
»Ach was. Gleich ist es wieder gut. Siehst du. So einen süßen Popo hat Saschenka.«
»...«
»Was für ein Popo. Ein süßer Popo. Ga-a-nz weich ...«
»Das tut we-e-eh ...«
»Halt jetzt die Klappe! Halt die Klappe! Sag: Mir geht es gut! Wird's bald!«
»Mir ... geht es ... gu-u-ut ...«
»Saschenka geht es gut.«
»Saschenka geht es gut.«
»Saschenka ist süß.«
»Saschenka ist süß.«
»Ein zarter Popo.«
»Ein zarter Popo.«

»Marat fickt Saschenka in den Popo.«
»Marat fickt ...«
»Na!«
»... Saschenka in den Popo ...«
»In den Popo.«
»In den Popo.«
»In den Po-o-po ...«
»In den Popo.«
»In den Po-o-po ...«
»In den Popo.«
»In den Po-o-po!«
»In den Popo.«
»In den Po-o-po!«
»In den Popo ...«
»In! Den! Po! Po! A-a-a-a-a-a!!«
»...«
»A-a-a-a ... aaa ... aaa ...«
»...«
»So ... aaa ... Süße ...«
»...«
»So ... jetzt hab ich ... Saschenka in den süßen Popo ... gespritzt ... Saschenka ... aaa ... in den ... gespritzt ...«
»... mir ...«
»Warte, bitte nicht bewegen ... nicht bewegen ... Sei still ... sei still!«
»...«
»Saschenka ... ah ... wie ... das ist ... so ...«
»...«
»Das ist ...«
»...«
»...«
»...«

»...«

»...«

»Vorsichtig ... gleich ... Saschenka braucht keine Angst zu haben ... gleich ... so ... so. Das war's.«

»...«

»Das war schon alles. Tut doch nicht weh?«

»...«

»Das tut dem süßen Popo nicht weh ... ich geb ihm einen Kuss ...«

»...«

»...«

»...«

»So ein süßer ...«

»...«

»Ein süßer ... süßer Popo ... den geb ich nicht her ... mein Popo ...«

»...«

»Dreh dich um. Das war es schon. Na? So. Noch näher ... so ... so ... mein süßes kleines Mädchen geb ich nicht her.«

»Das ... hat ...«

»Was?«

»... wehgetan ... warum ...«

»Alles okay bei dir. Kein Blut, nichts. Ich hab doch gesagt: Ich würde dir nie etwas Schlimmes tun. Nur Gutes. Wenn du älter bist, wirst du mir dankbar sein. Du bist heute eine freie Frau geworden. Im Vergleich zu dir sind alle anderen Mädchen an deiner Schule Rotznasen und Wickelkinder.«

»Ich mach das nie wieder.«

»Warte mal ...«

»Nie wieder. Ich schwöre!«

»Na ... warte doch ... Ganz verschwitzt bist du ... Sieh an, deine Oberlippe ist ganz feucht ... Saschenka ...«

»...«

»Du verstehst vieles jetzt noch nicht.«

»Ich mach das nie wieder. Und mit Ihnen ...«

»Mit dir ...«

»Mit dir will ich mich nie mehr treffen.«

»Na ... hör mal ... Lass uns fünf Minuten einfach still sein. Fünf Minuten ...«

»...«

»...«

»...«

»Na also. Hast du dich beruhigt?«

»Hmm.«

»Dann pass mal auf. Hör mir gut zu. Ich bin in dich verliebt. Sehr. Begreifst du das?«

»Ja.«

»Wenn ein Mann verliebt ist in eine Frau, dann will er sie genießen. Kapiert?«

»Ich mach das nicht mehr.«

»Nächstes Mal tut es überhaupt nicht mehr weh.«

»Ich mach das nicht.«

»Es wird dir gefallen.«

»Ich mach das nicht.«

»Und ob du das machst, Saschenka.«

»Mach ich nicht. Geben Sie ... gib mir meine ...«

»Moment.«

»Ich muss gehen.«

»Also ... warte ...«

»Ich muss gehen!«

»Halt die Klappe!!«

»...«

»Und hör mir zu. Schön aufmerksam. Bleib liegen und hör zu. Ich leg meine Hand hierhin, okay? Du bist schon erwachsen, hast die neunte Klasse hinter dir, du weißt, wer unser Land regiert. Juri Wladimirowitsch Andropow. Früher hat er das Komitee für Staatssicherheit der UdSSR geleitet. Den KGB. Folgendes, liebe Sascha: Die mächtigsten Leute bei uns im Land sind heutzutage die Offiziere des KGB. Das sind die klügsten, die gerissensten, die scharfsinnigsten Leute. Sie können alles. Sie können einem zur Karriere verhelfen, und sie können einen zertreten wie eine Ameise. Mein Onkel Pascha ist General beim KGB. Er ist ein alter Freund von Juri Wladimirowitsch Andropow. Ich bin sein einziger Neffe, eigene Kinder hat er keine. Er liebt mich sehr. Und er hilft mir. Ins staatliche Luftfahrtinstitut bin ich so reingekommen, ohne Beziehungen. Aber beim Komsomol, da hat er mir geholfen. Ich bin schon Mitglied im Komsomol-Büro. Ich liebe den Komsomol, die abwechslungsreiche Arbeit mit Menschen. Ich will zweiter Sekretär am Komsomol-Institut werden. Ich schätze, das gelingt mir. In ein paar Jahren. Wenn man etwas will, dann schafft man das. Mein Onkel wird mir helfen. Er ist immer für mich da. So ist das. Du weißt so ungefähr, was der KGB ist. Ich weiß es ganz genau. Das ist eine mächtige Organisation. In unserem Land kann sie alles. Du hast erzählt, dass du in der Theatergruppe bist. In Schulaufführungen spielst. Mir ist sofort aufgefallen, dass du schauspielerisch begabt bist. Sogar wenn du Volleyball spielst. Du könntest Schauspielerin werden. Das ist schwierig. Und zwar sehr! Am GITIS und am Schtschukin-Institut ist die Konkurrenz nämlich gewaltig. Es ist schwer, dort aufgenommen zu werden. Man braucht Beziehungen. Aber wenn ich zu meinem Onkel sage: Onkel Pascha, meine Süße ist sehr talentiert und möchte gerne Filmschauspielerin werden, bitte helfen Sie ihr – dann hilft Onkel Pascha seinem Neffen. Und in einem Jahr wird meine Süße am Schtschukin-Institut aufgenommen. In diesem Jahr wirst du so gedrillt, dass du dich selbst nicht mehr erkennst. Onkel Pascha ist mit vielen Schauspielern befreundet. Tabakow, Jefremow, Uljanow – alles Freunde von ihm. Sie gehen zusammen jagen und in die Banja. Bei Onkel Paschas Geburtstag habe ich mal Jefremow gesehen. Das ist Mann von Welt! Säuft wie ein Loch, kann einen ganzen Tankwagen austrinken und scherzt und lacht dabei. Er hat einen Witz vom Stapel gelassen, dass die Damen unter den Tisch gekrochen sind! Hat von seinem neuen Film erzählt, sehr interessant … Jedenfalls bekommst du Repetitoren vom Schtschukin-Institut, die bereiten dich auf die Prüfung vor und schulen deine Aussprache. Dann gehst du zur Aufnahmeprüfung wie die Doronina: *Lieben Sie das Theater so, wie ich es liebe?* Alle fallen darauf herein, fünf Punkte, und du bist auf der Liste. Dann gehen wir beide in ein Restaurant und feiern mit Champagner. Saschenka wird Schauspielerin! Ein neues, pulsierendes Leben beginnt! Das alles könnte ich für dich tun. Dafür treffen wir uns immer montags an einem geheimen Ort. Haben Spaß miteinander. Und ich genieße meine süße Saschenka.«

»Und Ihre … deine Frau?«

»Was ist mit ihr? Was hat sie damit zu tun? Ja, ich bin verheiratet. Ich habe früh geheiratet, im ersten Studienjahr. Das kommt vor. Ich kann nicht behaupten, dass ich besonders froh darüber bin. Wir hätten auch noch warten können. Aber was will man machen? Die Leidenschaft! Ich bin ein leidenschaftlicher Mensch, Saschenka. Es ist halt passiert. Nina ist eine wunderbare Freundin. Wir haben eine Familie. Aber manchmal kommt die Leidenschaft der Familie eben in die Quere. Ich sage dir eins: Heirate nicht zu früh. Warte besser damit. Amüsier dich, genieß das Leben. Man muss das Leben genießen können. Man muss es richtig krachen lassen. So ist das, Sascha. Und zum Schluss noch eins: Mein Onkel kann einem helfen, aber er kann einem auch alles vermasseln. Und zwar richtig. So, dass man kein Bein mehr auf die Erde kriegt. Dass man zum Beispiel bei der Arbeit rausfliegt. Und nie wieder eine Stelle findet. Dein Papa arbeitet im Konstruktionsbüro?«

»Ja.«

»Siehst du, Sascha. So läuft das Spiel. Du musst dich entscheiden. Überleg es dir. Heute noch. Und morgen sag mir nur ein Wort: Ja oder Nein. Das war's. Zieh dich an, geh du zuerst. Ich muss noch die Scheune abschließen.«

Man hörte das Heu rascheln, und ich trat auf Zehenspitzen den Rückzug an und lief durch den Wald zurück zum Lager. In meiner Faust hielt ich einen kleinen Mistkäfer umklammert. Er war in einer Ritze aus dem Heu gekrochen, als ich an der Scheune gestanden und gelauscht hatte. Ich hatte ihn mir geschnappt. Er war noch klein, offenbar ein junger Käfer, tiefblau und wunderschön schillernd. Normalerweise sind Mistkäfer schwarz, aber dieser hier war tiefblau, ganz ungewöhnlich. Er krabbelte in meiner Faust herum und kitzelte an der Handfläche. Ich rannte also mit dem Käfer in der Faust zurück, und als ich an der Kantine vorüberlief, drohte mir eine von den Spülfrauen mit dem Finger. Vom Gebäude der Direktion her rief eine der beiden Pionierleiterinnen mir aus dem Fenster hinterher: »Jetzt aber marsch ins Bett!«

Ich rannte in unseren Jungentrakt, schlüpfte in mein Bett und zog das Laken über mich. Dann öffnete ich meine Faust – und sah, dass der blaue Käfer nicht mehr da war. Das war sehr merkwürdig! Die ganze Zeit über hatte ich sein Krabbeln gespürt. Und plötzlich war er weg. Wo hatte ich ihn bloß verloren? Wann war er aus meiner Hand gekrabbelt? Er war einfach weg. Ich lag da und betrachtete meine Handfläche. Und schimpfte mit mir selbst. Mir kamen die Tränen, und ich fing lautlos an zu weinen. Gott sei Dank schliefen die anderen um mich herum schon. Ich war plötzlich ungeheuer müde. Vermutlich hatte ich mich überhitzt, als ich an der Scheune in der Sonne gestanden hatte. Es war ein heißer Juli. Ich schlief ein. Und träumte:

Ich bin im Pionierlager und gehe an den Fluss, Boot fahren. Ich komme ans Ufer. Es ist kein Fluss, sondern ein riesiger See, das andere Ufer ist nicht zu sehen. An der Bootsstation steht dieser Typ, der mir den Tritt in den Hintern versetzt hat. Aber jetzt ist er ein uralter Mann mit runzligem, reglosem Gesicht. Vor der Brust baumelt ein rotes Pionierhalstuch.

»Ich brauche ein Boot«, sage ich stockend, ohne mir große Hoffnung zu machen.

»Dann nimm dir eins«, sagt der Alte und deutet mit der Hand auf ein Boot.

Ich kann mein Glück kaum fassen, gehe zu dem Boot, steige ein, schnappe mir die Ruder und lege mich in die Riemen. Leicht gleite, schwebe ich über den See. Der See ist zugefroren und mit einer Eisschicht bedeckt. Das Boot stiebt bei der leisesten Bewegung der Ruder schnell darüber hin. Ein kühler, nach Eis riechender Wind bläst mir ins Gesicht. Ich sause dahin und kreische vor Vergnügen. Vor mir sehe ich eine Gestalt. Jemand fährt auf Schlittschuhen über das Eis. Ich hole die Gestalt ein: Es ist unsere Mathelehrerin, Wera Charitonowna. Sie ist völlig nackt! Sie fährt mit Langlaufschlittschuhen, eine Hand auf den Rücken gelegt und mit der anderen geschmeidig Schwung holend. Ich bin auf gleicher Höhe mit ihr und sause nun neben ihr her. Vom Boot aus habe ich sie ganz im Blick – ihren nackten Körper mit der großen Brust, dem straffen Hintern und den schlanken Beinen. Der dunkle Venushügel blitzt zwischen den sich gleichmäßig bewegenden Schenkeln auf. Ich sause neben ihr her und steuere die Ruder. Sie sieht mich spöttisch lächelnd von der Seite an und murmelt mit ihren vollen, immer ironisch geschwungenen Lippen:
»Na, was ist, Schamkowitsch, blamieren wir uns auch im dritten Quartal wieder bei einer Kefir-Gleichung mit zwei Koffer-Unbekannten, wenn du durch den Dienst im Sportsaal vergessen hast, Wiktor Wiktorowitsch zu entdecken in Richtung der blinden Winkelhalbierenden und die roten Ärzte sofort nach der Sitzung der Elterngruppe des Pythagoras-Satzes das Klassenbuch zerschnitten und entwertet haben?«
Aber ich achte nicht auf ihr Gemurmel. Mir wird plötzlich klar, dass ich vollkommen ungestraft mit Wera

Charitonowna machen kann, was ich will. Ich strecke die Hand aus und berühre ihre dunkle, behaarte Scham. Sie achtet nicht darauf und gleitet lächelnd und vor sich hin murmelnd über das Eis. Die Scham blitzt zwischen den Beinen auf. Ich lange hin und fasse sie an. Sie versteckt sich vor mir hinter den sich bewegenden Schenkeln. Wera Charitonowna gleitet lächelnd und murmelnd über das Eis. Ich greife nach ihrer warmen Scham. Mein Herz schlägt wie verrückt. Ich versuche, das Boot so auszurichten, dass ich näher, näher, näher, näher zu der dunklen, warmen, weichen, behaarten Scham komme. Das Boot macht Schlangenlinien, schlittert über das Eis und gehorcht mir nicht. Die Lehrerin gleitet gleichmäßig weiter. Ich hole sie ein, bin auf gleicher Höhe, halte mein Zittern zurück, greife mit der linken Hand nach der Scham, lasse das Ruder fallen und klammere mich nun auch mit der rechten Hand an der Scham fest und schlüpfe zwischen den kühlen, sich gleichmäßig bewegenden Schenkeln darunter hindurch.
»Du bist ein blechmittelmäßiger Schüler!«, lacht Wera Charitonowna von oben.

Ich erwachte.
Es war niemand da, ringsum nur leere Betten. Die Sonne schien durchs Fenster. Ich setzte mich auf. Ich spürte, dass meine Unterhose feucht war. Ich blickte nach unten: Im Schritt war ein dunkler Fleck. Ich berührte ihn. Er war klebrig. Ich stand auf, zog die Shorts an, das Hemd und das Halstuch. Und ging nach draußen. Jungen und Mädchen kamen von der Kantine her, die Kaffeepause war vorbei. Ich ging in die Kantine.

An unserem Tisch Nr. 4 saßen nur noch Die Drei Dicken – Schulja Fettsack, Braschnik Fettkloß und Lewscha Fettbauch. Sie vertilgten gerade die zweite Portion Quarkauflauf und tranken Saft dazu. Quarkauflauf ist besser als Grießschnitte. Meine Portion und mein Glas Saft standen am anderen Tischende. Ich setzte mich hin und zog den Teller mit Quarkauflauf zu mir heran. Es waren Rosinen drin. Ich trank einen Schluck Saft, nahm mit dem Löffel ein Stück von dem bröckligen Auflauf und führte ihn zum Mund. Da sah ich plötzlich, dass in dem Quark anstelle von Rosinen der kleine blaue Mistkäfer steckte. Ich schaute mir den Käfer an. Er war tot. Dann schaute ich Die Drei Dicken an. Sie kauten und blickten gleichgültig zu mir herüber. Ich glaube nicht, dass sie mir den Käfer in den Auflauf gesteckt hatten. Aber wie war er da reingekommen? Jemand hatte ihn heimlich reingesteckt. Aber wer? Witka? Schenka Gopnik? Oder vielleicht war er von selbst hineingeraten? War weggeflogen, durchs Fenster in die Küche geschwirrt und in den Auflauf gefallen? Und dann mitgebacken worden? Ich sah den Käfer an. Die Drei Dicken hatten ihre Portionen vertilgt, standen auf und schlenderten in Richtung Ausgang. Sie gluckten immer zusammen, nicht nur weil sie gehänselt wurden, sondern auch weil Schulja und Braschnik in derselben Klasse waren und Schuljas Mutter Lewscha Geigenstunden gab. Ich sah mich um, es war niemand da. Ich stopfte den Käfer tiefer in den Quark hinein, schob den Teller weg und trank meinen Saft. Die dünne Spülfrau mit dem länglichen, sonnenverbrannten Gesicht kam mit ihrem Geschirrwagen an den Tisch.
»Was ist, hast du keinen Appetit?«, fragte sie, während

sie die leeren Teller und Gläser einsammelte und auf ihren Wagen stellte.

»Ich will einfach nicht«, sagte ich.

»Wer nicht will, der hat schon«, sagte sie, nahm meinen Teller und stellte ihn etwas abseits von dem schmutzigen Geschirr auf den Wagen. Ich trank schnell meinen Saft aus und rannte aus der Kantine.

DAS TUCH

Für Nariman Skakow

SIE *(kommt herein)*
Grauenhaft ...

ER
Was ist los?

SIE
Ich glaube, ich habe mich mit Sublimat vergiftet.

ER
Schon wieder?

SIE
Ja, schon wieder. Stell dir vor! Ich bin so blöd! Verdammt noch mal ...

ER
Schatz, also wirklich, wir waren uns doch einig ...

SIE *(gereizt)*
Ja! Ja! Ja! Ich hab mir das Zeug schon wieder reingepfiffen. Schön blöd von mir.

ER

Warum? Na sag schon? Warum wieder dieses verdammte Sublimat?!

SIE

Weil ich vor lauter Hunger manchmal nicht mehr denken kann. Schön dumm! Dann schlucke ich es einfach runter! Nur um den Hunger zu stillen. Ich bin so eine dumme Kuh ... Warum hast du eine dumme Kuh geheiratet?

ER

Hundertmal habe ich dir gesagt: Wenn du Hunger hast, iss eine Banane, iss eine Apfelsine ...

SIE

O mein Gott! Wie dumm kann man denn sein? Zum Auskotzen ist es zu spät. Es geht los! Die Halluzinationen fangen schon an.

ER

Schätzchen, los, kotz es aus! Sofort! Ich hole eine Schüssel.

SIE

Zu spät. Es geht los ...

ER

Warte! Gleich, ich helfe dir ... Das kriegen wir schon hin. Leg dich hin, nicht stehen bleiben.

SIE *(legt sich aufs Bett)*
Zu spät, zu spät. Kotzen nützt nichts mehr – es geht schon los. Schon ... zu spät ...

ER *(läuft hektisch raus)*
Ach was! Warte ... ich hole die Schüssel und warmes Wasser. Du musst Wasser trinken, schnell ... so viel du kannst, und dann ...

SIE *(schreit)*
Nein! Halt! Komm her. Lass mich nicht allein!

ER
Liebling, aber ...

SIE
Komm her!! Beeil dich! Es geht los ...

ER
Schatz, aber ...

SIE
Schalt es ein!!

ER *(schaltet das Diktiergerät ein)*
Ist ja gut. Reg dich bloß nicht auf. Lieg still! Alles wird gut.

SIE
Warte ... ja ... also, das ist Kapotnja ... ja ... Papas Wohnung in Kapotnja ... der Hof, der Hof neben der Wäscherei ... wir sind zwischen den zwei ... na ja ... den zwei Häusern

da auf dem Platz ... die Mädchen und ich, wir spielen jetzt gleich ... Gummitwist ... Tanja, Olja ... Marinka Groschewa aus Nummer neun ... wir spannen das Gummi ... Olja und Tanja ... zählen ... sie zählen ... ich bin als Erste dran mit Springen ... zuerst ... knöchelhoch ... so ... dann bis zum Knie ... ich springe kniehoch ... ein paarmal ... dann Engpass ... Engpass ... dann kommt sofort der Po ... bis zum Po ... noch mal ... weiter mit der Taille ... Taille ... Taille springe ich sehr gut ... dann sofort einen Dreier ... nein ... eine Drehung ... erst eine ganz normale Drehung ... und jetzt einen Dreier ... einen Dreier ... und dann sofort ... keinen Trixi ... und keinen Schmetterling ... sondern sofort bis zur Brust ... Olja ruft, ich soll Brusthöhe springen ... Brusthöhe ... Brusthöhe ... und ich springe ... sehr gut ... ich springe springe springe brusthoch ... sehr gut ... ein paarmal ... und jetzt das Allerschwierigste ... das Allerschwierigste ... das ist ... der Hals ... und ich springe halshoch ... halshoch springe ich ... super ... ich springe halshoch ... einmal ... ich springe halshoch ... springe halshoch ... springe halshoch ... springe halshoch ... halshoch springe ich ... springe springe halshoch ... halshoch springe ich ... ich springe halshoch ... springe halshoch ... springe halshoch ... halshoch springe ich ... springe halshoch ... halshoch halshoch springe ich ... springe halshoch ... halshoch springe ich ... springe halshoch ... springe halshoch ... springe halshoch ... halshoch springe ich ... springe halshoch ... halshoch springe ich ... springe halshoch ... halshoch ... ich springe springe springe halshoch ... springe springe ... halshoch ... springe halshoch ... halshoch springe ich springe ... halshoch halshoch springe ich ... springe halshoch ... springe halshoch ... halshoch halshoch springe ich ... springe ... halshoch ... springe ... halshoch ... springe halshoch ... springe ... halshoch halshoch ... springe halshoch ... springe halshoch ... halshoch sringe ich springe ... springe halshoch ... halshoch springe ich ... springe halshoch ... halshoch springe ich ... halshoch springe ich ... springe halshoch ... halshoch springe ich ... springe halshoch ... springe halshoch ... halshoch springe ich ... springe halshoch ... halshoch ... halshoch ... springe halshoch ... springe halshoch ... springe halshoch ... halshoch springe ich ... springe halshoch ... halshoch springe ich ... springe halshoch ... halshoch halshoch springe ich ... halshoch springe ich ... springe halshoch ... springe halshoch ... halshoch springe ich ... springe halshoch halshoch ... springe halshoch ... halshoch springe ich ... halshoch springe ich ... springe halshoch ... springe halshoch ... springe halshoch ... springe halshoch ... halshoch springe ich ... halshoch springe ich ... halshoch halshoch ... springe halshoch ... halshoch springe ich ... springe halshoch ... springe halshoch ... springe halshoch ... halshoch springe ich ... springe halshoch ... springe halshoch ... halshoch springe ich springe ... springe halshoch ... halshoch halshoch springe ich ... springe halshoch ... springe halshoch ... ich springe ... springe halshoch ... halshoch springe ich ... springe halshoch ... springe halshoch ... springe halshoch ... halshoch springe ich halshoch ... halshoch springe ich ... springe halshoch ... springe halshoch ... halshoch springe ich ... springe halshoch ... halshoch springe ich ... springe halshoch ... halshoch springe ich springe ... halshoch springe ich ... halshoch springe ich ... halshoch springe ich ... halshoch springe ich ... springe halshoch springe halshoch springe ... halshoch springe ich ... springe halshoch springe ... springe halshoch ... springe halshoch ... springe halshoch ... springe halshoch ... springe halshoch ...

springe halshoch ... springe halshoch ... springe halshoch ... springe halshoch ... springe halshoch ... springe halshoch ... springe halshoch ... springe halshoch ... springe halshoch ... springe halshoch ... springe halshoch ... springe halshoch ... springe halshoch ... springe halshoch ... springe halshoch ... springe halshoch ... sie war überhaupt irgendwie komisch, in der Schule war man gemein zu ihr, als sie neu war, ihre Familie war aus Alma-Ata zugezogen, und sie war immer so arrogant, hat einem nie in die Augen geblickt, sie war halb Kasachin, hatte einen kasachischen Vornamen, Scharban, und einen gewöhnlichen russischen Nachnamen, jedenfalls wurde sie immer gehänselt und *Schtschelban* – Kopfnuss – genannt, aber eines Tages hat Scharban der Chramzowa mit dem Kugelschreiber ins Gesicht gestochen, und die behielt davon einen blauen Punkt oberhalb der Lippe (die Tintenpaste vom Kugelschreiber war ihr nämlich unter die Haut gedrungen) und wurde ihrerseits gehänselt, sie hätte jetzt selbst eine Kopfnuss abbekommen, und danach wurde Scharban zwar nicht mehr gehänselt, aber so richtig befreundet war auch keiner mit ihr, sie galt als unnahbar, dabei war sie eine gute Schülerin, wenn auch nicht in allen Fächern – in Algebra war sie richtig gut, in Geometrie auch, aber in Geschichte hatte sie bloß eine Drei und überhaupt keine Ahnung, in Russisch war sie Durchschnitt, konnte aber keine einzige Regel erklären, und in Literatur hatte sie auch nur eine Drei, sie konnte nicht mal richtig erklären, wovon ein Roman handelte, wenn sie aufgerufen wurde – Erzähl mal, worum geht es bei *Väter und Söhne*? – und dann sagte: Das ist ein Roman über Tierquälerei, Basarow schneidet lebendige Frösche auf, die müssen leiden, und den anderen Figuren ist das total egal, dann haben natürlich alle gelacht, und sie bekam eine Fünf, also jedenfalls war sie komisch, ging immer alleine nach Hause, wir haben nach dem Unterricht immer noch hinter der Schule gestanden und geraucht, auch die Mädchen, die nicht rauchten, aber sie war nie dabei, wir haben immer noch eine Zeit lang Spaß gehabt, herumgealbert, aber sie ging sofort nach Hause, und wenn wir hinterhergingen, lief sie schneller, damit wir sie nicht einholten, kurz und gut, sie war eine Angeberin, aber sehr hübsch, im Sportunterricht war sie neben Sajewitsch, dem langen Lulatsch, die Zweitgrößte, gute Figur, großer Busen, schlanke Beine, ein paar Typen aus der 10b haben ständig versucht, sie anzubaggern, drei Freunde mit Mopeds, die wollten sie zum Motocross einladen, aber sie hat die sofort abblitzen lassen, dabei waren das tolle Typen, ich hätte denen nie im Leben eine Abfuhr erteilt, aber sie hat die einfach zum Teufel gejagt, jedenfalls war sie komisch, so unterkühlt, aber aus einer reichen Familie, der Vater hatte eine Kooperative, er hat hintenherum eine Zuzugsgenehmigung für Moskau bekommen, ich schätze, er hat den richtigen Leuten eine Menge Geld bezahlt, jedenfalls kommt sie eines Tages in der Pause zu mir und fragt, hast du Lust, zusammen Video zu gucken? Ich sage, habt ihr ein Video? Ja, haben wir. Und nachher, sagt sie, spielen wir ein amerikanisches Spiel. Ich frage, welches? Sie sagt, es heißt *Monopoly*. Na gut, sage ich, von mir aus. Wie auch immer, sie hat mich also eingeladen. Ganz unverhofft. Warum ausgerechnet mich? Keine Ahnung. Vielleicht weil ich sie nie gehänselt habe. Ich gehe also hin. Vierzimmerwohnung, fantastisch eingerichtet, Teppiche, Kristall, Technik vom Feinsten. Reiche Familie. Ein riesiger Fernseher und ein Videogerät. Ihre Eltern waren nicht zu Hause. Scharban legt den Film *Manuella* ein. Da machen Frauen mit Frauen rum. Lesben. Und Männer mit Frauen. Ein Erotikfilm also. Aber toll gemacht, wirklich gut. Ein toller Film. Tolle Musik. Ich war natürlich baff. Sie hat dann noch Eis geholt und lauter orientalische Süßigkeiten. Wir sitzen also im Halbdunkel, amüsieren uns und gucken uns *Manuella* an. Die Schauspielerin ist sehr schön. Und ehe ich mich versehe, ist Scharban rausgegangen. Plötzlich kommt sie völlig nackt wieder herein. Und sagt: Tu mir einen Gefallen. Mir bleibt die Spucke weg. Jetzt macht sie mich zur Lesbe, denke ich. Im selben Moment denke ich: Na und? Ich kann es ja mal ausprobieren. Wie heißt es so schön: Einmal ist keinmal. Was soll's, denke ich. Außerdem ist sie so schlank und hübsch. Hübscher als ich. Sie sitzt jetzt neben mir auf dem Sofa und sieht mich an. Sagt: Zieh dich aus. Also habe ich mich nackt ausgezogen. Da hält sie mir ein Tuch hin. Ein buntes Tuch. Sie sagt: Bind es mir um den Kopf. Und guckt in den Fernseher. Was sollte ich machen? Ich nehme also das Tuch, so ein kleines, buntes. Und drehe es ihr um den Kopf. Sie sagt: Fester, fester! Ich binde es zu, und sie immer: Fester, fester! Und fängt am ganzen Leib zu zittern an. Sie zittert und wiederholt ein ums andere Mal: Fester! Fester! Fester! Ich binde ihr also das Tuch so fest wie nur möglich um den Kopf. Und sie guckt in den Fernseher. Plötzlich fängt sie an zu stöhnen, ganz heftig. Ich hab mich vielleicht erschrocken! Sie guckt in den Fernseher, stöhnt, schreit fast, krallt sich an ihren Knien fest und zittert wie Espenlaub. Schräg. Sie hat ganz irre Augen. Das ging eine ganze Weile so. Erst stöhnt sie ein paarmal, dann zittert sie schweigend, und dann stöhnt sie wieder und wird ganz angespannt und verkrampft. Und dabei laufen ihr die Tränen aus den Augen. Ich sitze daneben, bin völlig verdattert und weiß nicht, was ich machen soll. Als sie sich so richtig ausgestöhnt hat, steht sie auf und geht raus. Ich sitze da nackt vor dem Fernseher. Und frage mich, was wohl als Nächstes kommt. Als sie wiederkommt, hat sie einen bunten Morgenmantel an. Kein Tuch mehr. Schweigend schaltet sie das Video aus und macht Licht. Dann sagt sie: Zieh dich an und geh bitte. Ohne mich anzusehen. Das hat sie gesagt: Geh bitte. Ich habe es zuerst nicht kapiert. Sie dann wieder: Zieh dich an und geh bitte. Also habe ich mich schnell angezogen, bin aufgestanden und gegangen. Ich lief nach Hause und dachte: So eine dämliche Tussi! Am nächsten Tag in der Schule tat sie so, als wäre nichts gewesen. Hat mich überhaupt nicht beachtet, so wie früher. Einen Tag, zwei Tage, drei Tage. Null Beachtung. Ich habe überlegt, den anderen davon zu erzählen, sie zu verpetzen, aber dann dachte ich: Mache ich nicht. Es war schließlich schön dumm von mir, so gehorsam zu sein! Mich auszuziehen. Ihr dieses Tuch umzubinden! Und hinterher – hau ab. Überhaupt, dieses Tuch. Total abgefahren. Das glaubt mir doch keiner. Okay, wenn ich mit ihr im Bett gewesen wäre, so wie im Film ... Was wäre denn schon dabei? Aber die Sache mit dem Tuch?! Bind mir das Tuch um. So ein Blödsinn! Damit war die Geschichte zu Ende. Einfach vorbei. Ich habe es niemandem erzählt. Danach war ich dann ziemlich schnell mit Witja zusammen. Vier Monate bin ich mit ihm gegangen. Ihm habe ich auch nichts erzählt. Dann kam die Abschlussfeier. Und das war's dann. Das Leben ging weiter. Nach zwanzig Jahren hatten wir Klassentreffen. Wir haben uns über *Odnoklassniki* gefunden, uns geschrieben, telefoniert. Unsere Jungs haben wir auch gefunden, aber sie sind nicht aufgetaucht. Zwei von ihnen waren im Gefängnis. Mikljajew nicht zum ersten Mal, wie mir Leute erzählten, die es wissen mussten. Raduschkewitsch ist in Amerika, Denissow ist an Nierenversagen gestorben. Petrow und Frolow haben offenbar gesagt, sie würden kommen. Die beiden waren schließlich die Klassenclowns! Petrow ist während des Unterrichts herumgehoppelt wie ein Hase und hat Magnesium angezündet. Frolow hat Arinuschka immer zum Weinen gebracht. Jedenfalls wollten sie eigentlich kommen, sind dann aber abgesprungen, zu beschäftigt, der eine war auf Dienstreise, der andere hatte ein Interview in der Firma. Und den anderen Typen waren die zwanzig Jahre scheißegal. Logisch, alle im Beruf, Familie, Zeit ist Geld. Letzten Endes waren wir acht Frauen. Marinka und ich hatten einen Tisch im »Kafe Juschnoje« auf dem Leninski-Prospekt bestellt. Ein gutes georgisches Restaurant. Vor allem nicht teuer. Wir haben richtig auf den Putz gehauen. Da gibt es Livemusik, wir haben getanzt und getrunken, uns amüsiert und an die Schulzeit erinnert. Als wir gerade dabei waren, alle durchzuhecheln, sagt die große Olga: Mädels, erinnert ihr euch an Scharban? Na klar, alle konnten sich an sie erinnern. Also, vor ein paar Jahren, sagt sie, habe ich zufällig eine Reportage aus Krasnodar gesehen, da ging es um einen Bandenkrieg, bei dem die Familie eines Unternehmers umgebracht und sein Haus abgefackelt wurde. Sie haben ein Foto des Unternehmers gezeigt, und das war Scharbans Vater. Wir haben ihn damals doch alle gesehen, er war ja auch manchmal in der Schule und hat sich beim Elternabend zu Wort gemeldet. Solide, gut aussehend, etwas füllig. So ein orientalischer Typ. Jedenfalls haben sie die ganze Familie umgelegt und das Haus abgefackelt. Ich frage, woher weißt du denn, dass Scharban auch da war? Vielleicht ist sie verheiratet, wohnt woanders? Nein, sagt sie, die Opfer wurden alle genannt: Frau, Sohn, Tochter, Schwiegersohn und zwei Enkel. Scharban hatte einen jüngeren Bruder, ungefähr zehn Jahre jünger. Krass. Eine Schicksalswende. Die Chramzowa sagt: Ich habe immer noch den blauen Punkt von ihr, unter dem Puder sieht man ihn jetzt nicht. Und die kleine Olga sagt: Mädels, lasst uns auf sie anstoßen. Sie war zwar unnahbar, aber egal. Wir haben also mit georgischem Wein auf Scharban angestoßen. Beschwipst wie ich war, konnte ich nicht mehr an mich halten und erzählte plötzlich die Geschichte mit dem Tuch. Woraufhin die große Olga ganz gelassen sagt: Ich habe genau das Gleiche erlebt. Und die kleine Olga: Ich auch. Und Marinka: Ich auch. Und Ljudka: Ich auch. Die hatte sie also auch alle zum Videoschauen eingeladen! Mir fiel die Kinnlade runter. Nur der Chramzowa, Wassilissa und Nataschka war das nicht passiert. Ich war fassungslos! Die Mädels auch. Und sie hatten auch alle geschwiegen! Wir saßen also da und schauten uns an. Dann fingen wir an zu lachen! Diese Scharban! Sie ruhe in Frieden ... genug jetzt ... Es reicht, ich kann nicht mehr nicht ... es reicht ...

ER *(schaltet das Diktiergerät aus)*
Alles klar, Liebling. Ruh dich aus.

SIE *(im Einschlafen)*
Ich ... bin ... etwas ...

HIROSHIMA

23.48. RESTAURANT »JAR«

Lukaschewitsch, Vizepräsident einer kleinen, aber soliden Bank, und Seldin, Besitzer von vier Supermärkten, saßen an einem Tisch mit drei Gedecken. Auf der Bühne sang ein Zigeunerchor. In einem Kübel neben dem Tisch stand eine kleine Birke. Auf dem Tisch eine funkelnde Karaffe mit Wodka und rötlich schimmernder Lachs.

Die beiden Freunde waren betrunken. Angefangen hatten sie im »Puschkin«: 850 ml *Russkij Standard*, Moosbeerensaft, Bier, Steinpilze in Salzlake, gefüllter Hecht, Kalbfleischpastete, Caesar Salad, Hammelfleisch auf Husarenart, Sterlet in Champagner, Crème brûlée, Crêpes mit Sahnefüllung, Kaffee, Kognak, Calvados. Anschließend hatten sie im »Bisquit« weitergemacht: 380 ml Tequila, grüner Tee, Fruchtsalat.

»Nee, Borja.« Lukaschewitsch zündete sich lässig eine Zigarette an. »Die Zigeuner bringen's nicht.«

»Gefällt's dir nicht?« Seldin füllte die Gläser nach und verschüttete dabei Wodka auf dem Tischtuch. »Ich mag das Gejaule.«

»Na ja ... ist mir irgendwie zu melancholisch.« Lukaschewitsch nahm sein Glas. Er schüttete den Wodka in die Birke. »So ein Scheiß!«

»Der Wodka?«, fragte Seldin verständnislos.

»Alles.«

»Wie – alles?«

»Ich kann solche Lokale nicht leiden. Komm, wir fahren ins ›Most‹. Amüsieren uns mit den Mädels.«

»Jetzt gleich? Lass uns noch was trinken! Komm schon, Saschok!« Seldin legte einen Arm um ihn. »Ist doch alles bestens! Ach ja«, fiel ihm ein, »ich hab gar nicht zu Ende erzählt!«

»Was?« Lukaschewitsch machte ein düsteres Gesicht.

»Na, von der Glocke!«

»Welche Glocke?«, fragte Lukaschewitsch gelangweilt.

»Na, die in der Christ-Erlöser-Kathedrale! Die Bassglocke! Zweiunddreißig Tonnen. Die Terz. Die hängt im Südwestflügel, glaub ich. Also. Diese Tante von Gasprom, die mit dem Lungenkrebs, die hatte gehört, dass niedrige Frequenzen die Krebszellen zerstören. Also hat sie denen Kohle gegeben und durfte jeden Abend mit dem Glöckner da hoch, und dann hat sie sich nackt ... Saschka, du Hund! Ich fass es immer noch nicht, dass du da bist! Das ist echt ein Ding!! Mensch! Du bist tatsächlich gekommen, du Arsch!!«

Seldin stürzte sich auf Lukaschewitsch, umarmte ihn mit aller Kraft und stieß dabei die Karaffe mit dem Wodka um. Der Tisch geriet ins Wanken.

Seldins gestreiftes Jackett platzte auf. Lukaschewitsch brüllte auf, und seine großen, mehlig-weißen Finger drückten Seldins braun gebrannten Hals zusammen. Seldin presste Lukaschewitschs weißen Hals zusammen.

»Du Moskauer Wichser!«, brüllte Lukaschewitsch, und sie begannen, einander zu würgen.

23.48. FÜNFSTÖCKIGES ABBRUCHHAUS AUF DER NOWATOROW-STRASSE

Die beiden Penner Walera und Petjuch saßen in der Ecke einer heruntergekommenen Wohnung auf einem Haufen feuchter Lumpen. Durch das eingeschlagene Fenster leuchtete die schmale Mondsichel. Die beiden waren schon betrunken und gerade dabei, eine Flasche *Russkaja* zu leeren. Am frühen Morgen hatten sie auf dem Jaroslawski-Bahnhof zu saufen angefangen: ein Viertel *Istok*, ein halbes Weißbrot, Hühnerreste aus der Grill-Bar. Dann waren sie nach Sokolniki gefahren, hatten im Park leere Flaschen eingesammelt und verkauft und dann weitergemacht: drei Flaschen *Otschakowskoje*-Bier, zwei Mohnbrötchen. Anschließend hatten sie sich erst auf einer Bank ausgeschlafen, waren dann zum Neujungfrauenkloster gefahren und hatten bis zum Abend gebettelt. Dabei war genug für die Flasche *Russkaja* zusammengekommen.

»Fertig.« Walera trank in der Dunkelheit den letzten Schluck.

»Leer gesoffen?«, krächzte Petjuch heiser. »Alle! So eine Scheiße ...«

»Was ist?«

»Mir ist kalt, verdammt. Als hätte ich überhaupt nichts getrunken. Wenn doch noch ein Schlückchen da wäre.«

»Morgen fahren wir nach Ismailowo. Da besorgen wir uns anständig was zu saufen! Morgen! Morgen!« Walera lachte und fing unartikuliert an zu singen.

»Ach was - morgen!« Petjuch verpasste ihm einen Schlag.

»He, scheiße! Ich habe mich vollgepisst, Bruder! Schon wieder! Ach, Mist!« Walera lachte schallend.

»Idiot ... Volltrottel ...« Petjuch versetzte ihm einen trägen Stoß.

»Was soll denn das ... Ach, verpiss dich!« Walera schlug zurück.

Sie verstummten. Draußen fuhr mit Getöse ein Feuerwehrwagen vorbei.

»Ein Leichenwagen?«, gähnte Petjuch.

»Ein Betonmischer!«, erwiderte Walera entschieden.

Sie schwiegen eine Weile.

»Morgen! Mooorgeeen, verdammt! Mooorgeeen!« Walera fing wieder an zu singen und zu lachen und riss seinen Mund mit den verfaulten Zähnen im Dunkeln weit auf.

»Halt die Fresse, du Arsch!«, brüllte Petjuch und packte ihn am Hals.

Walera röchelte und ging Petjuch nun seinerseits an die Gurgel.

Sie begannen, einander zu würgen.

23.48. EINE WOHNUNG IN DER SIWZEW-WRASCHEK-GASSE

Der Tänzer Alex und der Webdesigner Nikola lagen nackt im Bett. Leise erklang die vierzigste Symphonie von Mozart. Nikola rauchte, Alex zerrieb Kokain auf der CD *Titten* von Alexander Laertsky. Vor vierundzwanzig Stunden hatten sie angefangen, beim Geburtstag eines befreundeten Visagisten (0,5 g + Orangensaft), danach hatten sie im »Tabula Rasa« weitergemacht (0,3 g + Mineralwasser ohne Kohlensäure) und anschließend im »Niagara« (0,8 g + Mineralwasser ohne Kohlensäure + 2 Zigarren). Nach einem grünen Tee im »Rjumka« hatten sie sich die Vormittagsvorstellung von *Attack of the Clones* angesehen. Später waren sie zu einer flüchtigen Bekannten, einer Designerin, auf die Datscha gefahren (1,3 g + Mineralwasser mit Kohlensäure + Früchtetee + 150 ml Whisky + Apfelsaft + Erdbeertorte + Weintrauben + Pralinen + 150 ml Aprikosenlikör + Erdbeeren + grüner Tee + Erdbeeren mit Schlagsahne). Und gegen Abend waren sie schließlich nach Hause zu Nikola zurückgefahren (0,4 g).

»Es ist nur noch ganz wenig, Kol. Das ziehen wir uns jetzt rein.« Mit einer Kundenkarte der *Partija*-Geschäfte formte Alex zwei schmale Linien.

»Ist das etwa alles?« Nikola kniff seine glasigen schönen Augen zusammen.

»Das ist jetzt wirklich alles.«

Schweigend zogen sie das Kokain durch einen Plastikstrohhalm. Alex wischte den Kokainstaub mit seinem schmalen Finger zusammen und berührte damit behutsam Nikolas Eichel. Nikola betrachtete sein Glied:

»Willst du?«

»Ich will immer.«

»Sag mal, haben wir keinen Whisky mehr?«

»Wir hatten doch noch nie welchen.«

»Wirklich?«, fragte Nikola angespannt. »Was haben wir denn?«

»Bloß Wodka.« Zärtlich umfasste Alex mit beiden Händen Nikolas Eier.

»Irgendwie bin ich scheiße drauf ...« Nikola dehnte sich.

»Ich hole ihn.«

Alex stand federnd auf und ging geschmeidig in die Küche. Nikola drückte seine Kippe in einem Edelstahlaschenbecher aus. Lautlos kam Alex mit dem Wodka und einem Glas zurück. Er goss ein. Nikola trank. Alex kniete sich vor ihn hin und glitt langsam mit der Zunge um die lilafarbene Spitze von Nikolas Glied.

»Aber zuerst die Nummer mit dem Samt, mein Igelchen.« Nikola fuhr mit der Zunge über seine trockenen Lippen.

»Yep, massa.« Alex nahm von einem Stuhl zwei Damengürtel aus Samt, einen schwarzen und einen violetten.

Eng aneinandergeschmiegt fielen sie aufs Bett und verflochten die Beine miteinander. Alex band Nikola den violetten Gürtel um den Hals, Nikola umwickelte Alex' Hals mit dem schwarzen. Ihre geöffneten Lippen kamen aufeinander zu, ihre Zungen berührten sich. Sie begannen, einander zu würgen.

23.48. EINE HÜTTE IM DORF KOLTSCHINO

Zwei alte Frauen, Njura und Matrjona, knieten vor einem dunklen Ikonenschränkchen und beteten. Das blaue Flämmchen der kleinen Kirchenlampe vermochte die Gesichter des heiligen Nikolaus von Myra, des Erlösers und der Gottesmutter kaum zu erhellen. Es war düster und feucht in der Hütte.

»Herr Jesus Christus, Sohn Gottes, erhöre die Fürsprache der Heiligen Gottesmutter, der Gerechten und Erleuchteten und aller Heiligen, erbarme dich unser. Amen!«, murmelten die beiden alten Frauen, jede für sich; sie bekreuzigten und verbeugten sich, berührten mit der Stirn den unebenen Boden und erhoben sich unter Ächzen und Stöhnen.

Matrjona hatte es als Erste geschafft. Sie packte Njura an ihrem knochigen Ellbogen.

»Ach herrje, du lieber Gott ...« Njura richtete sich mühsam auf, ging zur Bank und setzte sich hin.

»Vielleicht überschreibst du's trotzdem Wassili?«, erkundigte sich Matrjona und ging zum Tisch.

»Nee, ich kann nicht mehr.« Njura rang schwer nach Luft.

»Ich hab's meinen Leuten überschrieben. Sollen sie herkommen.«

»Meiner war schon acht Monate nicht mehr hier. Herrje, ich hab das Reißen ...«, stöhnte Njura. »Ach, was soll's ...«

Matrjona hob das Tischtuch an. Auf dem Tisch stand neben Brot und Salz ein Teller mit einem Pfannkuchen. Matrjona nahm den Pfannkuchen, setzte sich zu Njura und riss ihn in zwei Hälften.

»Hier, iss. Heute Morgen frisch gebacken.«

»Bloß einen?« Mit ihren dürren, heftig zitternden Fingern nahm Njura die eine Hälfte.

»Na und ... Dafür mit richtiger Butter. Iss.«

»Ja doch ...«

Schweigend begannen sie zu essen. Sie kauten mit ihren zahnlosen Mündern. Als sie fertig waren, wischte Matrjona sich mit ihrer bräunlichen Hand über den Mund, stand auf und fasste Njura beim Ellbogen.

»Gehen wir mit Gott.«

»Ja ... du lieber Gott ...« Sie war noch am Kauen und erhob sich schwerfällig.

Sie gingen hinaus in den dunklen Flur mit dem kaputten Fußboden. Das Mondlicht sickerte durch die Löcher im Dach. Über einen Deckenbalken war ein Hanfseil mit zwei Schlingen an den Enden geworfen. Matrjona führte Njura zu den Schlingen. Sie half ihr, eine Schlinge um den Hals zu legen. Dann legte sie sich selbst die andere um. Njura trug ein neues weißes Tuch mit blauen Tupfen. Matrjona hatte sich ihr altes schwarzes Tuch mit den weißen Tupfen umgebunden.

Matrjona schlang ihre Arme um Njuras knochige Schultern und hängte sich an sie. Njura schluchzte auf und schluckte. Die Schlingen zogen sich zu, die Beine der alten Frauen knickten ein.

23.48. KINDERGARTEN NR. 7

Rita und Mascha, beide fünf Jahre alt, lagen mit offenen Augen nebeneinander in ihren Bettchen und blickten zur Decke. Die übrigen sechzehn Kinder schliefen. Nebenan schliefen die Kindergärtnerin und der Hausmeister miteinander.

Draußen fuhr ein Auto vorbei. Lichtstreifen glitten über die Decke.

»Ein Drache«, sagte Mascha.

»Nö. Eine Giraffe.« Rita schnaufte.

Nebenan stieß die Kindergärtnerin einen dumpfen Schrei aus.

»Was macht denn Nina Petrowna da drüben?«, fragte Mascha.

»Onkel Mischa und sie würgen sich.«

»Wie?«

»Sie liegen nackt im Bett und würgen sich. Mit den Händen.«

»Wozu?«

»Davon kriegt man Kinder. Und zum Vergnügen. Meine Mama und mein Papa machen das ganz oft. Sie ziehen sich nackt aus – und dann geht's los. Deine auch?«

»Ich hab doch keinen Papa.«

Sie verstummten. Wieder fuhr ein Auto vorbei. Und noch eins.

»Oh ... aber ... oh ... Pasch ... aber ... so will ich nicht ...«, murmelte die Kindergärtnerin nebenan.

Mascha hob den Kopf.

»He, Rita, sollen wir uns auch mal würgen?«

»Dann kriegen wir doch Kinder.«

Sie schwiegen eine Weile. Rita überlegte:

»Nein, kriegen wir nicht.«

»Warum?«

»Weil wir kein Onkel und keine Tante sind.«

»Aha! Na dann – sollen wir?«

»Na los. Aber wir müssen uns nackt ausziehen.«

»Ach was! Viel zu kalt. Komm, es geht auch so!«

»Wenn wir nicht nackt sind, klappt es nicht.«

»So?«

»Ja.«

Umständlich zogen sie ihre Schlafanzüge aus. Sie legten sich in Maschas Bett. Sie fassten einander am Hals. Und begannen, sich zu würgen.

Die oben genannten Lukaschewitsch, Walera, Alex, Matrjona und Rita sahen während des Würgeprozesses nichts Besonderes.

Dafür beobachteten Seldin, Petjuch, Nikola, Njura und Mascha zunächst eine Reihe orangefarbener und purpurroter Lichtblitze, die fließend in ein bedrohliches glutrotes Leuchten übergingen. Allmählich trübte sich das glutrote Licht, es färbte sich hellblau, dann dunkelblau und öffnete sich plötzlich zu einem gewaltigen, unermesslichen Raum. Eine unvorstellbar weiträumige, aschgraue Landschaft tat sich auf, die ein riesiger Vollmond vom dunkelvioletten Himmel herab überstrahlte. Es war Nacht und doch hell wie am Tag. Der Mond beleuchtete in allen Details die niedrigen Ruinen einer abgebrannten Stadt. Das Sternenmeer am Himmel funkelte. Mitten durch die Ruinen ging eine nackte Frau. Ihr weißer, vom Mondlicht übergossener Körper strahlte eine magische Ruhe aus. Sie gehörte nicht zu dieser Welt, über deren Staub sie schritt. In Ruinen und Asche lagen von der Explosion verstümmelte Menschen. Einige stöhnten, einige waren bereits tot. Das Stöhnen der Menschen aber störte die Ruhe der Frau nicht. Geschmeidig schritt sie hinweg über die Toten und die Stöhnenden. Sie suchte etwas anderes. Schließlich blieb sie stehen. Inmitten geschmolzener Ziegel lag eine tödlich verwundete trächtige Hündin. Ein großer Teil ihres Körpers war verbrannt, zwischen Fellbüscheln und Hautfetzen standen die Rippen hervor. Hechelnd und schwach winselnd versuchte sie zu gebären. Aber sie hatte keine Kraft mehr für die Geburt. Die Hündin lag im Sterben, sie zitterte an ihrem ganzen verunstalteten Körper in hilfloser Anstrengung. Aus ihrem purpurroten Maul troff blutiger Speichel, die rosa Zunge hing heraus.

Die Frau ließ sich neben der Hündin in die Asche sinken. Sie legte ihre weißen Hände auf den versengten Leib der Hündin. Drückte darauf. Die blutverschmierten Läufe der Hündin spreizten sich leicht. Sie winselte schwach. Aus ihrem Leib wurden die Welpen herausgepresst: einer, ein zweiter, ein dritter, ein vierter und ein fünfter. Ein Krampf lief durch den Körper der Hündin. Sie blickte die Frau von der Seite her mit einem wahnsinnigen, feuchten Blick an, riss das Maul auf und starb. Die nassen schwarzen Welpen bewegten sich schwach und stupsten mit ihren kleinen Schnauzen in die graue Asche. Die Frau nahm sie auf die Arme und legte sie an ihre Brust. Und die blinden Welpen begannen, ihre Milch zu trinken.

Der Verlag Kiepenheuer & Witsch hat sich zu einer nachhaltigen Buchproduktion verpflichtet. Gemeinsam mit unseren Partnern und Lieferanten setzen wir uns für eine klimaneutrale Buchproduktion ein, die den Erwerb von Klimazertifikaten zur Kompensation des CO_2-Ausstoßes einschließt. Weitere Informationen finden Sie unter www.klimaneutralerverlag.de

1. Auflage 2024

Die Erzählungen »Die rote Pyramide«, »Das rostige Mädchen«, »Der Fingernagel«, »Der Tag des Tschekisten« und »Das Tuch« wurden zuerst veröffentlicht im Erzählungsband »Weißes Quadrat«, Corpus Verlag, Moskau 2018.
Die Erzählungen »Das schwarze Pferd mit dem weißen Auge« und »Wellen« wurden zuerst veröffentlicht im Erzählungsband »4«, Sacharow Verlag, Moskau 2005.
Die Erzählung »Lila Schwäne« wurde zuerst veröffentlicht in der Zeitschrift »Snob«, Moskau 2017.
Die Erzählung »Hiroshima« wurde zuerst veröffentlicht in der Zeitschrift »Playboy«, Moskau 2002.
Aus dem Russischen von Andreas Tretner und Dorothea Trottenberg

Covergestaltung und -motiv: © Marion Blomeyer / Lowlypaper
Gesetzt aus der Maecenas und Transat
Satz: Buch-Werkstatt GmbH, Bad Aibling
Druck und Bindung: GGP Media GmbH, Pößneck
ISBN 978-3-462-00517-2